电力安全法律法规和规章制度 习题集

国网冀北电力有限公司 编

中国电力出版社
CHINA ELECTRIC POWER PRESS

内 容 提 要

　　为使国家电网公司各基层单位更好开展安全法律法规、规章制度、规程规范的培训考试工作，方便公司广大干部员工更好地学习掌握和执行安全法规制度，本书依据国家法律法规和国家电网公司规章制度、规程规定，逐条梳理出应掌握和牢记的关键知识点，编制了单选、多选、判断改错、简答等类型试题。

　　本书可作为国家电网公司系统各级员工安全教育培训和安全法规制度考试的辅助工具和参考资料。

图书在版编目（CIP）数据

电力安全法律法规和规章制度习题集 / 国网冀北电力有限公司编 . —北京：中国电力出版社，2018.5（2018.6重印）
　ISBN 978-7-5198-1862-3

　Ⅰ．①电… Ⅱ．①国… Ⅲ．①电力工业–安全生产–法规–中国–习题集
Ⅳ．①D922.544

中国版本图书馆 CIP 数据核字（2018）第 051409 号

出版发行：中国电力出版社
地　　址：北京市东城区北京站西街 19 号（邮政编码 100005）
网　　址：http://www.cepp.sgcc.com.cn
责任编辑：薛　红　周秋慧
责任校对：闫秀英
装帧设计：张俊霞　张　娟
责任印制：邹树群

印　　刷：三河市万龙印装有限公司
版　　次：2018 年 5 月第一版
印　　次：2018 年 6 月北京第二次印刷
开　　本：710 毫米×980 毫米　16 开本
印　　张：10.5
字　　数：178 千字
印　　数：3501—5000 册
定　　价：39.00 元

编　委　会

前　言

党的十八大以来，习近平总书记、国务院总理李克强对于安全生产工作作出了一系列重要指示批示，将安全生产摆在前所未有的突出位置。十九大明确提出，树立安全发展理念，弘扬生命至上、安全第一的思想，健全公共安全体系，完善安全生产责任制，坚决遏制重特大安全事故，提升防灾减灾救灾能力。2014年，新《中华人民共和国安全生产法》颁布实施，强调"坚持以人为本，坚持安全发展"的理念，对规范安全生产工作、提高依法治企水平、强化安全监督管理、遏制重特大事故具有重大而深远的意义。2016年12月，中共中央、国务院印发《中共中央　国务院关于推进安全生产领域改革发展的意见》（中发〔2016〕32号），明确了加强和改进安全生产工作的一系列重大举措，是指导当前和今后一个时期安全生产工作的纲领性文件。2017年，国务院安全生产委员会、国家发展和改革委员会、财政部、国家安全生产监督管理总局、国务院国有资产监督管理委员会、国务院法制办公室、国家能源局等31个部委相继出台40余项实施办法或工作方案。2018年，国家电网公司印发《国家电网公司贯彻落实〈中共中央　国务院关于推进安全生产领域改革发展的意见〉实施方案》。

认真学习贯彻安全生产指示批示精神、安全法律法规和规章制度要求，对于深刻理解安全生产工作的重要性和紧迫性，充分认识安全生产工作的长期性、复杂性、艰巨性和反复性，系统把握安全生产工作的总体思路和主要任务，具有十分重要的政治意义、理论意义和实践指导意义。国网冀北电力有限公司（简称国网冀北电力）深刻认识新时代做好安全工作的极端重要性，按照"五落实、五到位"要求，严格依法履行安全生产主体责任，坚持党政同责、一岗双责、齐抓共管、失职追责，压紧压实各级人员安全生产责任。大力加强安全教育培训，开展行政正职讲"安全课"活动，开展安全法律法规和规章制度普调考。2017年，各级领导干部和管理人员400余人参加国网冀北电力安全法规制度抽考，797名安全生产"三种人"及电网建设项目管理人员参加国网冀北电力组织的《国家电网公司电力安全工作规程》（简称《安规》）抽调考，开展安全生产技能培训、竞赛比武、安全教育培训 619 场次、培训各类用工人员 53 922 人次，开展《安规》考试 195 场次、考试 13 232 人次。

为进一步指导基层单位更好地开展安全法律法规、规章制度、规程规范的培训考试工作，国网冀北电力安质部在总结 2017 年安全法规制度考试工作成果的基础上，组织国网冀北电力相关单位专家，结合工作实际，编制了涵盖《习近平总书记、国务院总理李克强关于安全生产的重要指示批示精神》《中共中央　国务院关于推进安全生产领域改革发展的意见》《中华人民共和国安全生产法》《中华人民共和国消防法》《中华人民共和国道路交通安全法》《中华人民共和国网络安全法》《生产安全事故报告和调查处理条例》《电力安全事故应急处置和调查处理条例》《电力建设工程施工安全监督管理办法》《国家电网公司关于强化本质安全的决定》《国家电网公司安全工作规定》《国家电网公司安全工作奖惩规定》《国家电网公司安全职责规范》《国家电网公司安全事故调查规程》（2017 修正版）《国家电网公司大面积停电事件应急预案》《国家电网公司质量事件调查管理办法》《国家电网公司安全隐患排查治理管理办法》《国家电网公司安全生产反违章工作管理办法》《国家电网公司电力安全工器具管理规定》《国家电网公司电力建设起重机械安全监督管理办法》《国家电网公司安全设施标准》《国家电网公司贯彻落实〈中共中央　国务院关于推进安全生产领域改革发展的意见〉实施方案》、国家电网公司系统近期安全事故通报等内容的安全法规制度习题集。本书逐条梳理出应掌握和牢记的关键知识点，编制了单选、多选、判断改错、简答等类型试题，方便广大干部员工更好地学习掌握和执行安全法规制度。

本书可作为各级员工安全教育培训和安全法规制度考试的辅助工具和参考资料。各单位通过强化安全法规制度培训考试，进一步提升全员安全素质，让"我要安全"成为全体干部员工的自觉意识和行为准则。并深刻认识新时代做好安全工作的极端重要性，把思想和行动统一到党中央、国务院、国家电网公司各项决策部署上来，把安全生产摆在各项工作的首位，作为必须坚决抓好的政治任务，作为必须牢牢守住的"生命线"，紧紧扭住不放，持之以恒用力，以严细实的作风、"钉钉子"的精神，切实抓紧、抓实、抓出成效。

编　者
2018 年 3 月

目　录

一、单选题

（共 384 题）

1. 2013 年 6 月 6 日，习近平指出，接连发生的重特大安全生产事故，造成重大人员伤亡和财产损失，必须引起高度重视。（   ），这必须作为一条不可逾越的红线。

A. 青山绿水就是金山银山；B. 人命关天，发展决不能以牺牲人的生命为代价；C. 以人为本，发展决不能以牺牲人的健康为代价；D. 民生第一，发展决不能以牺牲人的尊严为代价

答案：B

2. 2013 年 6 月 6 日，习近平强调，要始终把（   ）放在首位，以对党和人民高度负责的精神，完善制度、强化责任、加强管理、严格监管，把安全生产责任制落到实处，切实防范重特大安全生产事故的发生。

A. 人民财产安全；B. 人民发展权利；C. 人民生命安全；D. 人民生存权利

答案：C

3. 2013 年 6 月 6 日，习近平就做好安全生产工作作出重要指示，始终把人民生命安全放在首位，切实防范（   ）安全生产事故的发生。

A. 较大；B. 重大；C. 特大；D. 重特大

答案：D

4. 2013 年 6 月 6 日，习近平强调，要始终把人民生命安全放在首位，以对党和人民高度负责的精神，完善制度、强化责任、加强管理、严格监管，把（   ）落到实处，切实防范重特大安全生产事故的发生。

A. 安全生产保障；B. 安全事故调查处理；C. 安全生产责任制；D. 安全教育培训

答案：C

5. 2013 年 11 月 24 日，习近平在青岛黄岛经济开发区考察输油管线泄漏引发爆燃事故抢险工作时强调，必须建立健全安全生产责任体系，强化企业（   ），深化安全生产大检查，认真吸取教训，注重举一反三，全面加强安全生产工作。

A. 主要责任；B. 主体责任；C. 自主责任；D. 自律责任

答案：B

6. 2013 年 11 月 24 日，习近平在青岛黄岛经济开发区考察输油管线泄漏引发爆燃事故抢险工作时指出，加大安全生产指标考核权重，实行安全生产和重大安全生产事故风险（   ）。

A. 严肃查处；B. 严格考核；C. 一票否决；D. 严格责任追究

答案：C

7. 习近平在中共中央政治局第二十三次集体学习时强调，牢固树立切实落实（　　），确保广大人民群众生命财产安全。

A. 可持续发展理念；B. 健康发展理念；C. 科学发展理念；D. 安全发展理念

答案：D

8. 习近平在中共中央政治局第二十三次集体学习时强调，要构建公共安全（　　）网络，实现人员素质、设施保障、技术应用的整体协调。

A. 保障；B. 监督；C. 法律；D. 人防、物防、技防

答案：D

9. 2015年8月15日，习近平就切实做好安全生产工作作出重要指示。习近平强调指出，要健全（　　），加大安全监管执法力度，深入排查和有效化解各类安全生产风险，提高安全生产保障水平，努力推动安全生产形势实现根本好转。

A. 风险防控机制；B. 隐患排查治理机制；C. 预警应急机制；D. 监督检查机制

答案：C

10.《中共中央　国务院关于推进安全生产领域改革发展的意见》规定，坚持安全发展的原则，贯彻以人民为中心的发展思想，始终把（　　）放在首位，正确处理安全与发展的关系，大力实施安全发展战略，为经济社会发展提供强有力的安全保障。

A. 人的生命安全；B. 人的财产安全；C. 经济效益；D. 经济增长

答案：A

11.《中共中央　国务院关于推进安全生产领域改革发展的意见》规定，坚持源头防范的原则，构建风险（　　）和隐患排查治理双重预防工作机制，严防风险演变、隐患升级导致生产安全事故发生。

A. 分类管控；B. 分级管控；C. 综合管控；D. 先降再控

答案：B

12.《中共中央　国务院关于推进安全生产领域改革发展的意见》确定的目标任务，到（　　），安全生产监管体制机制基本成熟，法律制度基本完善，全国生产安全事故总量明显减少，职业病危害防治取得积极进展，重特大生产安全事故频发势头得到有效遏制，安全生产整体水平与全面建成小康社会目标相适应。

A. 2020 年；B. 2030 年；C. 2040 年；D. 2050 年

答案：A

13.《中共中央　国务院关于推进安全生产领域改革发展的意见》确定的目标任务，到（　　），实现安全生产治理体系和治理能力现代化，全民安全文明素质全面提升，安全生产保障能力显著增强，为实现中华民族伟大复兴的中国梦奠定稳固可靠的安全生产基础。

A. 2020 年；B. 2030 年；C. 2040 年；D. 2050 年

答案：B

14.《中共中央　国务院关于推进安全生产领域改革发展的意见》明确地方党委和政府领导责任，坚持（　　），完善安全生产责任体系。

A. 党政同责、一岗双责；B. 党政同责、齐抓共管；C. 党政同责、失职追责；D. 党政同责、一岗双责、齐抓共管、失职追责

答案：D

15.《中共中央　国务院关于推进安全生产领域改革发展的意见》规定，企业实行（　　）安全生产责任制度。

A. 领导干部；B. 主要负责人；C. 党政负责人；D. 全员

答案：D

16.《中共中央　国务院关于推进安全生产领域改革发展的意见》规定，严格安全准入标准，指导管控安全风险，督促整治（　　），强化源头治理。

A. 重大风险；B. 一般隐患；C. 重大隐患；D. 重大危险源

答案：C

17.《中共中央　国务院关于推进安全生产领域改革发展的意见》规定，（　　）负有安全生产技术决策和指挥权。

A. 主要负责人；B. 党政负责人；C. 主要技术负责人；D. 安全管理人员

答案：C

18.《中共中央　国务院关于推进安全生产领域改革发展的意见》规定，完善事故调查处理机制，坚持（　　）并重，充分发挥事故查处对加强和改进安全生产工作的促进作用。

A. 调查与处理；B. 奖励与处罚；C. 问责与整改；D. 监督与考核

答案：C

19.《中共中央　国务院关于推进安全生产领域改革发展的意见》规定，强化企业预防措施，企业要定期开展（　　）和危害辨识。

A. 风险评估；B. 危险源评估；C. 隐患排查治理；D. 缺陷整治

答案：A

20. 保障人民群众（　　）安全，是制定《中华人民共和国安全生产法》的目的之一。

A. 生命；B. 财产；C. 生命和财产；D. 生命和健康

答案：C

21. 为了加强安全生产工作，防止和减少（　　），保障人民群众生命和财产安全，促进经济社会持续健康发展，制定《中华人民共和国安全生产法》。

A. 人身伤亡事故；B. 设备损坏事故；C. 生产安全事故；D. 公共安全事故

答案：C

22.《中华人民共和国安全生产法》规定，安全生产工作应当以人为本，坚持（　　），坚持安全第一、预防为主、综合治理的方针。

A. 科学发展；B. 快速发展；C. 安全发展；D. 健康发展

答案：C

23.《中华人民共和国安全生产法》规定的安全生产方针是（　　）。

A. 坚持安全发展；B. 安全生产人人有责；C. 安全为了生产、生产必须安全；D. 安全第一、预防为主、综合治理

答案：D

24.《中华人民共和国安全生产法》规定，生产经营单位必须遵守本法和其他有关安全生产的法律、法规，加强安全生产管理，建立、健全（　　）和安全生产规章制度，改善安全生产条件，推进安全生产标准化建设，提高安全生产水平，确保安全生产。

A. 经营管理责任制；B. 安全生产责任制；C. 党风廉政责任制；D. 岗位安全责任制

答案：B

25.《中华人民共和国安全生产法》规定，生产经营单位的（　　）对本单位的安全生产工作全面负责。

A. 主要负责人；B. 分管负责人；C. 技术负责人；D. 安全生产管理人员

答案：A

26.《中华人民共和国安全生产法》规定，生产经营单位必须执行依法制定的保障安全生产的（　　）。

A. 国际标准或者国家标准；B. 行业标准或者企业标准；C. 国家标准或者企业标准；D. 国家标准或者行业标准

答案：D

27.《中华人民共和国安全生产法》规定，生产经营单位委托依法设立的为安全生产提供技术、管理服务的机构提供安全生产技术、管理服务的，保证安全生产的责任（　　）。

A. 由受委托机构负责；B. 仍由本单位负责；C. 由本单位和受委托机构共同负责；D. 经协商由一方负责

答案：B

28.《中华人民共和国安全生产法》规定，属于生产经营单位主要负责人职责的有（　　）。

A. 落实本单位安全生产责任制；B. 严格执行本单位安全生产规章制度和操作规程；C. 保证本单位安全生产投入的有效实施；D. 组织或者参与本单位应急救援演练

答案：C

29.《中华人民共和国安全生产法》规定，属于生产经营单位主要负责人职责的有（　　）。

A. 落实本单位安全生产责任制；B. 严格执行本单位安全生产规章制度和操作规程；C. 组织制定并实施本单位安全生产教育和培训计划；D. 实施本单位的生产安全事故应急救援预案

答案：C

30.《中华人民共和国安全生产法》规定，生产经营单位应当建立相应的机制，加强对安全生产责任落实情况的（　　），保证安全生产责任制的落实。

A. 跟踪检查；B. 监督考核；C. 过程管理；D. 综合管理

答案：B

31.《中华人民共和国安全生产法》规定，有关生产经营单位应当按照规定提取和使用安全生产费用，专门用于改善（　　）。

A. 安全生产条件；B. 环境卫生条件；C. 员工职业健康；D. 安全防护条件

答案：A

32.《中华人民共和国安全生产法》规定，属于生产经营单位安全生产管理机构以及安全生产管理人员职责的有（　　）。

A. 建立、健全本单位安全生产责任制；B. 组织制定本单位安全生产规章制度和操作规程；C. 保证本单位安全生产投入的有效实施；D. 组织或者参与本单位安全生产教育和培训，如实记录安全生产教育和培训情况

答案：D

33.《中华人民共和国安全生产法》规定，属于生产经营单位安全生产管理机构以及安全生产管理人员职责的有（　　）。

A. 组织制定并实施本单位的生产安全事故应急救援预案；B. 督促落实本单位重大危险源的安全管理措施；C. 督促、检查本单位的安全生产工作，及时消除生产安全事故隐患；D. 组织制定并实施本单位安全生产教育和培训计划

答案：B

34.《中华人民共和国安全生产法》规定，生产经营单位新建、改建、扩建工程项目的（　　），必须与主体工程同时设计、同时施工、同时投入生产和使用。

A. 生活设施；B. 生产设施；C. 安全设施；D. 后勤保障设施

答案：C

35.《中华人民共和国安全生产法》规定，生产经营单位应当在有较大危险因素的生产经营场所和有关设施、设备上，设置明显的（　　）。

A. 隔离措施；B. 防护措施；C. 封闭措施；D. 安全警示标志

答案：D

36.《中华人民共和国安全生产法》规定，生产经营单位必须为从业人员提供符合国家标准或者行业标准的（　　），并监督、教育从业人员按照使用规则佩戴、使用。

A. 安全工器具；B. 作业工器具；C. 劳动防护用品；D. 职业病危害防护用品

答案：C

37.《中华人民共和国安全生产法》规定，两个以上生产经营单位在同一作业区域内进行生产经营活动，可能危及对方生产安全的，应当签订安全生产管理协议，明确各自的安全生产管理职责和应当采取的安全措施，并指定（　　）进行安全检查与协调。

A. 分管负责人；B. 技术负责人；C. 专职安全生产管理人员；D. 兼职安全生产管理人员

答案：C

38.《中华人民共和国安全生产法》规定，生产经营单位发生生产安全事故时，单位的主要负责人应当立即（　　），并不得在事故调查处理期间擅离职守。

A. 组织事故调查；B. 组织抢救；C. 组织事故处理；D. 保护现场

答案：B

39.《中华人民共和国安全生产法》规定，生产经营单位的从业人员有权了解其作业场所和工作岗位存在的危险因素、防范措施及（　　）。

A. 安全撤离措施；B. 安全技术措施；C. 劳动保护措施；D. 事故应急措施

答案：D

40.《中华人民共和国安全生产法》规定，从业人员发现（　　）时，可以采取可能的应急措施后撤离现场。

A. 事故隐患；B. 设备缺陷；C. 直接危及人身安全的紧急情况；D. 重大危险源

答案：C

41.《中华人民共和国安全生产法》规定，从业人员应当接受安全生产教育和培训，掌握本职工作所需的安全生产知识，提高安全生产技能，增强（　　）和应急处理能力。

A. 风险辨识；B. 风险管控；C. 事故预防；D. 自我保护

答案：C

42.《中华人民共和国安全生产法》规定，工会有权依法参加（　　），向有关部门提出处理意见，并要求追究有关人员的责任。

A. 事故调查；B. 安全交底；C. 技术交底；D. 现场勘察

答案：A

43.《中华人民共和国安全生产法》规定，负有安全生产监督管理职责的部门采取停止供电措施，除有危及生产安全的紧急情形外，应当提前（　　）通知生产经营单位。

A. 六小时；B. 十二小时；C. 二十四小时；D. 四十八小时

答案：C

44.《中华人民共和国安全生产法》规定，生产经营单位应当制定本单位生产安全事故应急救援预案，与所在地（　　）组织制定的生产安全事故应急救援预案相衔接，并定期组织演练。

A. 乡（镇）以上地方人民政府；B. 县级以上地方人民政府；C. 市级以上地方人民政府；D. 省级以上地方人民政府

答案：B

45.《中华人民共和国安全生产法》规定，生产经营单位应当制定本单位安全生产事故应急救援预案，与所在地县级以上（　　）组织制定相应的安全生产事故应急救援预案相衔接，并定期组织演练。

A. 安全生产委员会；B. 安全生产监督管理部门；C. 人民政府；D. 应急救援指挥中心

答案：C

46.《中华人民共和国安全生产法》规定，事故调查处理应当遵循（　　）的原则，查清事故原因，查明事故性质和责任。

A. 实事求是、尊重科学；B. 公开、公正、公平；C. 及时、准确、合法；D. 科学严谨、依法依规、实事求是、注重实效

答案：D

47.《中华人民共和国安全生产法》规定，生产经营单位的决策机构、主要负责人或者个人经营的投资人不依照本法规定保证安全生产所必需的资金投入，致使生产经营单位不具备安全生产条件的，（　　），提供必需的资金。

A. 责令限期改正；B. 责令停产停业整顿；C. 处二万元以上五万元以下的罚款；D. 处二万元以上二十万元以下的罚款

答案：A

48.《中华人民共和国安全生产法》规定，被责令停产停业整顿的生产经营单位主要负责人，逾期未改正导致发生生产安全事故的，给予（　　）；构成犯罪的，依照刑法有关规定追究刑事责任。

A. 警告处分；B. 记过处分；C. 记大过处分；D. 撤职处分

答案：D

49.《中华人民共和国安全生产法》规定，生产经营单位的主要负责人未履行本法规定的安全生产管理职责，导致发生生产安全事故，受刑事处罚或者撤职处分的，自刑罚执行完毕或者受处分之日起，（　　）不得担任任何生产经营单位的主要负责人；对重大、特别重大生产安全事故负有责任的，终身不得担任本行业生产经营单位的主要负责人。

A. 三年内；B. 五年内；C. 八年内；D. 十年内

答案：B

50.《中华人民共和国安全生产法》规定，生产经营单位的主要负责人未履行本法规定的安全生产管理职责，导致发生生产安全事故，受刑事处罚或者撤职处分的，自刑罚执行完毕或者受处分之日起，五年内不得担任任何生产经营单位的主要负责人；对重大、特别重大生产安全事故负有责任的，（　　）不得担任本行业生产经营单位的主要负责人。

A. 八年内；B. 十年内；C. 十五年内；D. 终身

答案：D

51.《中华人民共和国安全生产法》规定,生产经营单位的主要负责人未履行本法规定的安全生产管理职责,导致发生一般事故的,由安全生产监督管理部门对生产经营单位主要负责人处以上一年年收入百分之（　　）的罚款。

A. 二十；B. 三十；C. 四十；D. 五十

答案：B

52.《中华人民共和国安全生产法》规定,生产经营单位的安全生产管理人员未履行本法规定的安全生产管理职责的,责令限期改正；导致发生生产安全事故的,（　　）；构成犯罪的,依照刑法有关规定追究刑事责任。

A. 给予记过处分；B. 给予降职处分；C. 给予撤职处分；D. 暂停或者撤销其与安全生产有关的资格

答案：D

53.《中华人民共和国安全生产法》规定,生产经营单位未按照规定设置安全生产管理机构或者配备安全生产管理人员的,责令限期改正,可以处（　　）的罚款。

A. 二万元以下；B. 五万元以下；C. 十万元以下；D. 二十万元以下

答案：B

54.《中华人民共和国安全生产法》规定,生产经营单位未按照规定对从业人员、被派遣劳动者、实习学生进行安全生产教育和培训,或者未按照规定如实告知有关的安全生产事项的,责令限期改正,可以处（　　）的罚款。

A. 二万元以下；B. 五万元以下；C. 十万元以下；D. 二十万元以下

答案：B

55.《中华人民共和国安全生产法》规定,生产经营单位未在有较大危险因素的生产经营场所和有关设施、设备上设置明显的安全警示标志的,责令限期改正,可以处五万元以下的罚款,逾期未改正的,处五万元以上二十万元以下的罚款,对其直接负责的主管人员和其他直接责任人员处（　　）的罚款。

A. 一万元以上二万元以下；B. 二万元以上五万元以下；C. 五万元以上十万元以下；D. 十万元以上二十万元以下

答案：A

56.《中华人民共和国安全生产法》规定,生产经营单位对重大危险源未登记建档,或者未进行评估、监控,或者未制定应急预案的,责令限期改正,可以处（　　）的罚款。

A. 二万元以下；B. 五万元以下；C. 十万元以下；D. 二十万元以下

答案：C

57.《中华人民共和国安全生产法》规定，生产经营单位未建立事故隐患排查治理制度的，责令限期改正，可以处十万元以下的罚款，逾期未改正的，责令停产停业整顿，并处（　　）的罚款。

A. 二万元以下；B. 五万元以下；C. 十万元以下；D. 十万元以上二十万元以下

答案：D

58.《中华人民共和国安全生产法》规定，生产经营单位未采取措施消除事故隐患的，责令立即消除或者限期消除；生产经营单位拒不执行的，责令停产停业整顿，并处（　　）的罚款，对其直接负责的主管人员和其他直接责任人员处二万元以上五万元以下的罚款。

A. 五万元以上十万元以下；B. 五万元以上二十万元以下；C. 十万元以上二十万元以下；D. 十万元以上五十万元以下

答案：D

59.《中华人民共和国安全生产法》规定，生产经营单位与从业人员订立协议，免除或者减轻其对从业人员因生产安全事故伤亡依法应承担的责任的，该协议无效；对生产经营单位的主要负责人、个人经营的投资人处（　　）的罚款。

A. 一万元以上二万元以下；B. 二万元以上五万元以下；C. 二万元以上十万元以下；D. 五万元以上十万元以下

答案：C

60.《中华人民共和国安全生产法》规定，违反本法规定，生产经营单位拒绝、阻碍负有安全生产监督管理职责的部门依法实施监督检查的，责令改正；拒不改正的，处（　　）的罚款。

A. 二万元以上五万元以下；B. 二万元以上十万元以下；C. 二万元以上二十万元以下；D. 五万元以上二十万元以下

答案：C

61.《中华人民共和国安全生产法》规定，生产经营单位的主要负责人在本单位发生生产安全事故时，不立即组织抢救或者在事故调查处理期间擅离职守或者逃匿的，给予（　　）的处分，并由安全生产监督管理部门处上一年年收入百分之六十至百分之一百的罚款。

A. 警告；B. 记过；C. 记大过；D. 降级、撤职

答案：D

62.《中华人民共和国安全生产法》规定，生产经营单位的主要负责人在本

单位发生生产安全事故时，不立即组织抢救或者在事故调查处理期间擅离职守或者逃匿的，给予降级、撤职的处分，并由安全生产监督管理部门处（   ）的罚款。

A. 上一年年收入百分之二十至百分之一百；B. 上一年年收入百分之四十至百分之一百；C. 上一年年收入百分之六十至百分之一百；D. 上一年年收入百分之八十至百分之一百

答案：C

63.《中华人民共和国安全生产法》规定，发生一般事故，对负有责任的生产经营单位除要求其依法承担相应的赔偿等责任外，由安全生产监督管理部门处以（   ）的罚款。

A. 二十万元以上五十万元以下；B. 五十万元以上一百万元以下；C. 一百万元以上五百万元以下；D. 五百万元以上一千万元以下

答案：A

64.《中华人民共和国安全生产法》规定，发生较大事故，对负有责任的生产经营单位除要求其依法承担相应的赔偿等责任外，由安全生产监督管理部门处以（   ）的罚款。

A. 二十万元以上五十万元以下；B. 五十万元以上一百万元以下；C. 一百万元以上五百万元以下；D. 五百万元以上一千万元以下

答案：B

65.《中华人民共和国消防法》规定，消防工作贯彻（   ）的方针，实行消防安全责任制，建立健全社会化的消防工作网络。

A. 预防为主、防消结合；B. 预防为主、综合治理；C. 安全第一、预防为主、防消结合；D. 安全第一、预防为主、综合治理

答案：A

66.《中华人民共和国消防法》规定，（   ）应当将消防工作纳入国民经济和社会发展计划，保障消防工作与经济社会发展相适应。

A. 国务院；B. 大型国企；C. 各级人民政府；D. 企事业单位

答案：C

67.《中华人民共和国消防法》规定，消防安全重点单位应当确定（   ），组织实施本单位的消防安全管理工作。

A. 消防安全第一负责人；B. 消防安全管理人；C. 消防专责人；D. 消防安全技术负责人

答案：B

68. 《中华人民共和国消防法》规定，因施工等特殊情况需要使用明火作业的，应当按照规定事先办理（　　），采取相应的消防安全措施；作业人员应当遵守消防安全规定。

A. 作业许可证；B. 审批手续；C. 动火工作票；D. 备案手续

答案：B

69. 《中华人民共和国消防法》规定，进行电焊、气焊等具有火灾危险作业的人员和自动消防系统的操作人员，必须（　　），并遵守消防安全操作规程。

A. 经特种作业培训；B. 经本单位批准；C. 经消防部门批准；D. 持证上岗

答案：D

70. 《中华人民共和国消防法》规定，消防产品必须符合国家标准；没有国家标准的，必须符合（　　）。禁止生产、销售或者使用不合格的消防产品以及国家明令淘汰的消防产品。

A. 行业标准；B. 企业标准；C. 消防部门标准；D. 国际标准

答案：A

71. 《中华人民共和国消防法》规定，电器产品、燃气用具的安装、使用及其线路、管路的设计、敷设、维护保养、检测，必须符合（　　）和管理规定。

A. 消防技术标准；B. 行业技术标准；C. 消防行业标准；D. 国际技术标准

答案：A

72. 《中华人民共和国消防法》规定，公安消防队、专职消防队（　　），不得收取任何费用。

A. 扑救火灾；B. 应急救援；C. 扑救火灾、应急救援；D. 扑救火灾、应急抢险

答案：C

73. 《中华人民共和国消防法》规定，单位专职消防队、志愿消防队参加扑救外单位火灾所损耗的燃料、灭火剂和器材、装备等，由火灾发生地的（　　）给予补偿。

A. 公安部门；B. 消防部门；C. 外单位；D. 人民政府

答案：D

74. 《中华人民共和国消防法》自（　　）5月1日起施行。

A. 2007年；B. 2006年；C. 2008年；D. 2009年

答案：D

75.《中华人民共和国道路交通安全法》规定，机关、部队、企业事业单位、社会团体以及其他组织，应当对本单位的（   ）进行道路交通安全教育。

A. 驾驶人员；B. 车辆管理人员；C. 人员；D. 车辆检修人员

答案：C

76.《中华人民共和国道路交通安全法》规定，公安机关（   ）以外的任何单位或者个人，不得收缴、扣留机动车驾驶证。

A. 路政管理部门；B. 治安管理部门；C. 综合执法部门；D. 交通管理部门

答案：D

77.《中华人民共和国道路交通安全法》规定，施工作业单位应当在经批准的（   ）内施工作业，并在距离施工作业地点来车方向安全距离处设置明显的安全警示标志，采取防护措施。

A. 区域；B. 路段；C. 时间；D. 路段和时间

答案：D

78.《中华人民共和国道路交通安全法》规定，在没有限速标志的路段，应当保持（   ）。

A. 安全车速；B. 高速；C. 中速；D. 低速

答案：A

79.《中华人民共和国道路交通安全法》规定，机动车行经人行横道时，应当减速行驶；遇行人正在通过人行横道，应当（   ）。

A. 鸣笛通过；B. 停车让行；C. 减速通过；D. 低速通过

答案：B

80.《中华人民共和国道路交通安全法》规定，机动车在高速公路上发生故障时，警告标志应当设置在故障车来车方向（   ）以外，车上人员应当迅速转移到右侧路肩上或者应急车道内，并且迅速报警。

A. 120m；B. 150m；C. 170m；D. 180m

答案：B

81.《中华人民共和国道路交通安全法》规定，交通事故的损失是由非机动车驾驶人、行人故意碰撞机动车造成的，（   ）不承担赔偿责任。

A. 非机动车驾驶人；B. 行人；C. 机动车一方；D. 双方

答案：C

82.《中华人民共和国道路交通安全法》规定，饮酒后驾驶机动车的，处暂扣（   ）机动车驾驶证，并处一千元以上二千元以下罚款。

A. 三个月；B. 五个月；C. 六个月；D. 十二个月

答案：C

83.《中华人民共和国道路交通安全法》规定，造成交通事故后逃逸的，由公安机关交通管理部门吊销机动车驾驶证，且（ ）不得重新取得机动车驾驶证。

A. 五年内；B. 八年内；C. 十年内；D. 终生

答案：D

84. 根据最高人民法院、最高人民检察院、公安部印发的《关于办理醉酒驾驶机动车刑事案件适用法律若干问题的意见》，血液酒精含量达到（ ）以上的，属于醉酒驾驶机动车。

A. 40mg/100mL；B. 80mg/100mL；C. 160mg/100mL；D. 200mg/100mL

答案：B

85.《中华人民共和国网络安全法》施行时间为（ ）。

A. 2016 年 11 月 7 日；B. 2017 年 6 月 1 日；C. 2016 年 12 月 31 日；D. 2017 年 1 月 1 日

答案：B

86. 根据《中华人民共和国网络安全法》，国家实行网络安全（ ）保护制度。

A. 等级；B. 分层；C. 分区；D. 属地

答案：A

87. 根据《中华人民共和国网络安全法》，网络运营者应当按照网络安全等级保护制度的要求，采取监测、记录网络运行状态、网络安全事件的技术措施，并按照规定留存相关的网络日志不少于（ ）个月。

A. 1；B. 3；C. 6；D. 12

答案：C

88. 根据《中华人民共和国网络安全法》，网络运营者应当制定（ ），及时处置系统漏洞、计算机病毒、网络攻击、网络侵入等安全风险。

A. 网络安全事件应急预案；B. 网络安全事件预警方案；C. 网络安全事件应急演练方案；D. 网站安全事件处置方案

答案 A

89. 根据《中华人民共和国网络安全法》，建设关键信息基础设施应当确保其具有支持业务稳定、持续运行的性能，并保证安全技术措施（ ）。

A. 同步规划、同步建设、同步投运；B. 同步规划、同步建设、同步使用；

C. 同步设计、同步建设、同步使用；D. 同步规划、同步施工、同步使用

答案：B

90. 根据《中华人民共和国网络安全法》，网络运营者未要求用户提供真实身份信息，或者对不提供真实身份信息的用户提供相关服务的，拒不改正或者情节严重的，对直接负责的主管人员和其他直接责任人员处（　　）罚款。

A. 一千元以上一万元以下；B. 五千元以上五万元以下；C. 五千元以上十万元以下；D. 一万元以上十万元以下

答案：D

91. 根据《中华人民共和国网络安全法》，向社会发布系统漏洞、计算机病毒、网络攻击、网络侵入等网络安全信息，拒不改正或者情节严重的，对直接负责的主管人员和其他直接责任人员（　　）。

A. 处五日以上十五日以下拘留；B. 责令改正；C. 给予警告；D. 处五千元以上五万元以下罚款

答案：D

92. 根据《中华人民共和国网络安全法》，从事危害网络安全的活动，或者提供专门用于从事危害网络安全活动的程序、工具，或者为他人从事危害网络安全的活动提供技术支持、广告推广、支付结算等帮助，尚不构成犯罪的，由公安机关没收违法所得，处五日以下拘留，可以并处（　　）罚款。

A. 一万元以上五万元以下；B. 五万元以上十万元以下；C. 五万元以上五十万元以下；D. 十万元以上五十万元以下

答案：C

93. 根据《生产安全事故报告和调查处理条例》，单位负责人接到报告后，应当于（　　）向事故发生地县级以上人民政府安全生产监督管理部门和负有安全生产监督管理职责的有关部门报告。

A. 1 小时内；B. 2 小时内；C. 8 小时内；D. 24 小时内

答案：A

94. 根据《生产安全事故报告和调查处理条例》，事故报告后出现新情况的，自事故发生之日起（　　），事故造成的伤亡人数发生变化的，应当及时补报。

A. 7 日内；B. 15 日内；C. 30 日内；D. 60 日内

答案：C

95. 根据《生产安全事故报告和调查处理条例》，道路交通事故、火灾事故自发生之日起（　　），事故造成的伤亡人数发生变化的，应当及时补报。

A. 7 日内；B. 15 日内；C. 30 日内；D. 60 日内

答案：A

96. 根据《生产安全事故报告和调查处理条例》，发生重大事故且事故发生单位对事故发生负有责任的，应给予（　　）处罚。

A. 处 10 万元以上 20 万元以下的罚款；B. 处 20 万元以上 50 万元以下的罚款；C. 处 50 万元以上 200 万元以下的罚款；D. 处 200 万元以上 500 万元以下的罚款

答案：C

97. 根据《生产安全事故报告和调查处理条例》，发生特别重大事故且因单位主要负责人未依法履行安全生产管理职责，导致事故发生的，对主要负责人给予（　　）处罚。

A. 处上一年年收入 30%的罚款；B. 处上一年年收入 40%的罚款；C. 处上一年年收入 60%的罚款；D. 处上一年年收入 80%的罚款

答案：D

98. 根据《生产安全事故报告和调查处理条例》，事故发生单位主要负责人受到刑事处罚或者撤职处分的，自刑罚执行完毕或者受处分之日起，（　　）不得担任任何生产经营单位的主要负责人。

A. 5 年内；B. 3 年内；C. 2 年内；D. 1 年内

答案：A

99.《电力安全事故应急处置和调查处理条例》自 2011 年（　　）起实施。

A. 6 月 1 日；B. 7 月 1 日；C. 8 月 1 日；D. 9 月 1 日

答案：D

100. 根据《电力安全事故应急处置和调查处理条例》，县级以上地方人民政府有关部门确定的重要电力用户，应当按照国务院电力监管机构的规定配置（　　），并加强安全使用管理。

A. 蓄电池；B. 事故应急照明；C. 应急发电机；D. 自备应急电源

答案：D

101. 发生电力安全事故，同时造成人员伤亡或者直接经济损失，当依照《电力安全事故应急处置和调查处理条例》确定的事故等级与依照《生产安全事故报告和调查处理条例》确定的事故等级不相同时，（　　）进行事故定级和处置。

A. 按事故等级较低者确定事故等级，依照《电力安全事故应急处置和调查处理条例》的规定调查处理；B. 按事故等级较低者确定事故等级，依照《生产安全事故报告和调查处理条例》的规定调查处理；C. 按事故等级较高者确定事故等级，依照《电力安全事故应急处置和调查处理条例》的规定调查处理；D. 按事故等级较高者确定事故等级，依照《生产安全事故报告和调查处理条例》的规定调查处理

答案：C

102. 根据《电力安全事故应急处置和调查处理条例》，发生直辖市 30%以上 60%以下供电用户停电属于（　　　）。

A. 特别重大事故；B. 重大事故；C. 较大事故；D. 一般事故

答案：B

103. 根据《电力安全事故应急处置和调查处理条例》，区域性电网减供负荷 4%以上 7%以下属于（　　　）。

A. 特别重大事故；B. 重大事故；C. 较大事故；D. 一般事故

答案：D

104. 根据《电力建设工程施工安全监督管理办法》，按照国家有关安全生产费用投入和使用管理规定，电力建设工程概算应当（　　　）安全生产费用，不得在电力建设工程投标中列入竞争性报价。

A. 分项计列；B. 同时计列；C. 分类计列；D. 单独计列

答案：D

105. 根据《电力建设工程施工安全监督管理办法》，施工单位应当按照国家法律法规和标准规范组织施工，对其施工现场的安全生产负责。应当设立安全生产管理机构，按（　　　）配备专（兼）职安全生管理人员，制定安全管理制度和操作规程。

A. 作业人员 100 百人以上须；B. 规定；C. 作业人员 100 人以下须；D. 作业人员 300 人以上须

答案：B

106. 根据《电力建设工程施工安全监督管理办法》，施工单位或施工总承包单位应当自行完成主体工程的施工，除可依法对劳务作业进行劳务分包外，（　　　）主体工程进行其他形式的施工分包；禁止任何形式的转包和违法分包。

A. 可部分对；B. 不得对；C. 可分部分项对；D. 根据工程情况对

答案 B

107. 根据《电力建设工程施工安全监督管理办法》，施工单位或施工总承包单位履行电力建设工程安全生产监督管理职责，承担工程安全生产（　　　），分包单位对其承包的施工现场安全生产负责。

A. 主要管理责任；B. 次要管理责任；C. 连带管理责任；D. 全部管理责任

答案：C

108. 根据《电力建设工程施工安全监督管理办法》，挪用安全生产费用的，责令限期改正。并处挪用费用（　　）的罚款；造成重大安全事故，构成犯罪的，依法追究刑事责任。

A. 10%以上 30%以下；B. 20%以上 40%以下；C. 20%以上 50%以下；D. 30%以上 50%以下

答案：C

109.《国家电网公司关于强化本质安全的决定》规定，本质安全是（　　）的能力。

A. 防范重特大事故；B. 内在的预防事故风险；C. 内在的抵御事故风险；D. 内在的预防和抵御事故风险

答案：D

110.《国家电网公司关于强化本质安全的决定》规定，强化本质安全是深入做好安全工作的必然要求，是确保安全的（　　）。

A. 重要环节；B. 基础工作；C. 治本之策；D. 基本手段

答案：C

111.《国家电网公司关于强化本质安全的决定》规定，本质安全实质是（　　）等核心要素的统一。

A. 企业建设、电网结构、设备质量、工作制度；B. 企业建设、电网结构、设备质量、管理制度；C. 队伍建设、电网结构、设备质量、管理制度；D. 队伍建设、电网结构、设备质量、工作制度

答案：C

112.《国家电网公司关于强化本质安全的决定》规定，严格安全责任和制度执行，主要领导要认真履行（　　）职责，切实增强担当意识、忧患意识和戒惧之心，牢固树立安全第一的意识，扑下身子抓安全，做到组织、人员、资金落实。

A. 安全主体；B. 安全监督；C. 安全第一责任人；D. 安全主管

答案：C

113.《国家电网公司关于强化本质安全的决定》规定，加强专业管理和安监队伍建设，管理人员选拔必须具备必要的（　　）。

A. 管理岗位经验；B. 基层班组工作经验；C. 一线工作经验；D. 生产工作经验

答案：B

114.《国家电网公司关于强化本质安全的决定》规定，开展专业技术技能培训考核，推行（　　）认证，班组长、"三种人"等关键岗位人员必须具备相应的专业技术技能和安全技术等级。

A. 注册安全工程师；B. 职业技能等级；C. 应急能力；D. 岗位安全技术等级

答案：D

115.《国家电网公司关于强化本质安全的决定》规定，加强生产队伍建设，坚持外来人员与（　　）同标准、同要求，严格安全交底，严格现场监督，严格《安规》执行。

A. 生产人员；B. 主业人员；C. 集体企业人员；D. 施工人员

答案：B

116.《国家电网公司关于强化本质安全的决定》规定，夯实电网设备安全基础，严格设备选型、招标、监造、安装、运行、维护全过程（　　）和监督。

A. 生产控制；B. 质量控制；C. 流程控制；D. 工艺控制

答案：B

117.《国家电网公司关于强化本质安全的决定》规定，强化专业管理和技术保障，强化生产技术管理和技术监督，加强专责人员配备，开展新技术、新设备培训，及时修（制）订（　　）。

A. 专业安全规范；B. 现场工作规程；C. 专业技术规范；D. 专业技术规范和现场运行规程

答案：D

118.《国家电网公司关于强化本质安全的决定》规定，强化专业管理和技术保障，依靠（　　）提高安全水平，健全特高压、智能变电站、新能源涉网等安全技术标准。

A. 科技手段；B. 技术手段；C. 管理手段；D. 专业手段

答案：A

119.《国家电网公司关于强化本质安全的决定》规定，完善防范重大事故技术标准，（　　）等各环节都要严格执行反措。

A. 可研、设计、建设、运行；B. 可研、设计、生产、运行；C. 规划、设计、生产、运行；D. 规划、设计、建设、运行

答案：A

120.《国家电网公司关于强化本质安全的决定》规定，建立隐患动态跟踪抽查机制，对重大隐患实行（　　）。

A. 跟踪监视；B. 状态检测；C. 挂牌督办；D. 闭环监督

答案：C

121.《国家电网公司关于强化本质安全的决定》规定，加强外包工程和施工分包安全管理，落实（　　）要求。

A."到岗到位"；B."同进同出"；C."持证上岗"；D."一岗双责"

答案：B

122.《国家电网公司关于强化本质安全的决定》规定，加强电力监控系统和重要业务系统（　　）防护，确保电力生产控制系统安全。

A. 网络安全；B. 本质安全；C. 网络通道；D. 信息通道

答案：A

123.《国家电网公司关于强化本质安全的决定》规定，贯彻《国家电网公司大面积停电事件应急预案》，完善公司（　　）构成的预案体系，确保实际、实用、实效。

A. 总体预案、现场处置方案；B. 综合预案、应急处置方案；C. 总体预案、专项处置方案；D. 总体预案、专项预案、现场处置方案

答案：D

124.《国家电网公司关于强化本质安全的决定》规定，提升应急处置能力，树立主动应急意识，坚持先期处置原则，加强危险源（　　），及时采取防范措施，快速报送突发信息，积极正面引导舆论，内外协调联动，科学高效处置，最大限度降低事件损失和影响。

A. 监测、分析和预警；B. 分析和预警；C. 检查和预警；D. 监测和预警

答案：A

125.《国家电网公司关于强化本质安全的决定》规定，推进（　　）实践，坚持以人为本、生命至上，坚持严细实要求，树立全员安全理念，强化日常安全教育，培育安全行为习惯，提升员工安全素养，让关心安全、保证安全成为全体干部员工的自觉意识和行为准则。

A. 安全队伍建设；B. 安全制度建设；C. 安全体系建设；D. 安全文化建设

答案：D

126.《国家电网公司关于强化本质安全的决定》规定，强化安全监督考核，发挥安全大检查、专项监督、（　　）作用，集中整治薄弱环节和突出问题。

A. 安全性评价；B. 标准化达标；C. 安全体系认证；D. 质量体系认证

答案：A

127. 根据《国家电网公司安全工作规定》，省（直辖市、自治区）电力公司和公司直属单位（简称省公司级单位）的安全目标是，不发生（　　）电网、设备事故。

A. 特别重大；B. 重大；C. 较大；D. 一般及以上

答案：D

128. 根据《国家电网公司安全工作规定》，省（直辖市、自治区）电力公司支撑实施机构、直属单位、地市供电企业和公司直属单位下属单位（简称地市公司级单位）的安全目标是，不发生（　　）及以上信息系统事件。

A. 五级；B. 六级；C. 七级；D. 八级

答案：B

129. 根据《国家电网公司安全工作规定》，省（直辖市、自治区）电力公司支撑实施机构、直属单位、地市供电企业和公司直属单位下属单位（简称地市公司级单位）的安全目标是，不发生本单位负同等及以上责任的（　　）交通事故。

A. 特别重大；B. 重大；C. 较大；D. 一般

答案：B

130. 根据《国家电网公司安全工作规定》，地市公司级单位直属单位、县供电企业、公司直属单位下属单位子企业（简称县公司级单位）的安全目标是，不发生（　　）及以上电网、设备事件。

A. 五级；B. 六级；C. 七级；D. 八级

答案：B

131. 根据《国家电网公司安全工作规定》，公司系统各级（　　）是本单位的安全第一责任人，对本单位安全工作和安全目标负全面责任。

A. 分管安全副总经理；B. 分管领导；C. 行政正职；D. 领导班子成员

答案：C

132. 根据《国家电网公司安全工作规定》，（　　）是本单位安全工作的综合管理部门，对其他职能部门和下级单位的安全工作进行综合协调和监督。

A. 安全管理部门；B. 安全监督管理机构；C. 设备运维部门；D. 安全生产委员会

答案：B

133. 根据《国家电网公司安全工作规定》，公司所属各级单位应及时修订、复查现场规程，现场规程的补充或修订应严格履行审批程序。其中要求，现场规程宜（　　）进行一次全面修订、审定并印发。

A. 每年；B. 每三年；C. 每五年；D. 每3～5年

答案：D

134. 根据《国家电网公司安全工作规定》，地市公司级单位、县公司级单位应（　　）至少一次对安全法律法规、标准规范、规章制度、操作规程的执行情况进行检查评估，公布一次本单位现行有效的现场规程制度清单，并按清单配齐各岗位有关的规程制度。

A. 半年；B. 每年；C. 两年；D. 三年

答案：B

135. 根据《国家电网公司安全工作规定》，年度反事故措施计划应由分管业务的领导组织，以（　　）部门为主，各有关部门参加制定。

A. 运维检修；B. 安全监督管理；C. 人力资源；D. 生产技术

答案：A

136. 根据《国家电网公司安全工作规定》，安全技术劳动保护措施计划应由分管安全工作的领导组织，以（　　）部门为主，各有关部门参加制定。

A. 运维检修；B. 安全监督管理；C. 人力资源；D. 生产技术

答案：B

137. 根据《国家电网公司安全工作规定》，列入计划的反事故措施和安全技术劳动保护措施若需取消或延期，必须由责任部门提前征得（　　）同意。

A. 安全生产委员会；B. 主要负责人；C. 分管领导；D. 领导班子成员

答案：C

138. 根据《国家电网公司安全工作规定》，新入单位的人员（含实习、代培人员），应进行安全教育培训，经（　　）考试合格后方可进入生产现场工作。

A.《国家电网公司安全事故调查规程》；B.《国家电网公司电力安全工作规程》；C.《国家电网公司安全工作规定》；D.《国家电网公司安全职责规范》

答案：B

139. 根据《国家电网公司安全工作规定》，因故间断电气工作连续（　　）以上者，应重新学习《电力安全工作规程》，并经考试合格后，方可再上岗工作。

A. 1个月；B. 2个月；C. 3个月；D. 6个月

答案：C

140. 根据《国家电网公司安全工作规定》，所有（　　）应学会自救互救方法、疏散和现场紧急情况的处理，应熟练掌握触电现场急救方法，所有员工应掌握消防器材的使用方法。

A. 生产人员；B. 管理人员；C. 员工；D. 领导干部

答案：A

141. 根据《国家电网公司安全工作规定》，外来工作人员必须经过安全知识和（　　）的培训，并经考试合格后方可上岗。

A. 安全规程；B. 安全理念；C. 安全文化；D. 安全制度

答案：A

142. 根据《国家电网公司安全工作规定》，地市公司级单位、县公司级单位组织对班组人员的安全规章制度、规程规范考试，（　　）。

A. 每两年至少组织一次；B. 每年至少组织一次；C. 每半年至少组织一次；D. 每季度至少组织一次

答案：B

143. 根据《国家电网公司安全工作规定》，地市公司级单位、县公司级单位（　　）应对工作票签发人、工作负责人、工作许可人进行培训，经考试合格后，书面公布有资格担任工作票签发人、工作负责人、工作许可人的人员名单。

A. 每两年；B. 每年；C. 每半年；D. 每季度

答案：B

144. 根据《国家电网公司安全工作规定》，地市公司级单位、县公司级单位（　　）召开一次安全生产委员会议，研究解决安全重大问题，决策部署安全重大事项。

A. 每年；B. 每半年；C. 每季度；D. 每月

答案：C

145. 根据《国家电网公司安全工作规定》，按要求成立安全生产委员会的承、发包工程和委托业务项目，安全生产委员会应在（　　）成立并召开第一次会议。

A. 项目开工后；B. 项目竣工前；C. 项目开工前；D. 合同签订后

答案：C

146. 根据《国家电网公司安全工作规定》，关于各级单位安全生产委员会，下列说法中不正确的是（　　）。

A. 安全生产委员会主任由单位行政正职担任；B. 安全生产委员会副主任由党组（委）书记和分管副职担任；C. 省公司级单位至少每半年组织召开一次安全生产委员会会议；D. 安全生产分管领导主持召开安全生产委员会会议

答案：D

147. 根据《国家电网公司安全工作规定》，公司各级单位应贯彻国家和公司安全生产应急管理法规制度，坚持（　　）的原则，按照"统一指挥、结构合理、功能实用、运转高效、反应灵敏、资源共享、保障有力"的要求，建立系统和完整的应急体系。

A. "安全第一、预防为主、综合治理"；B. "预防为主、预防与处置相结合"；C. "预防为主、预防与救援相结合"；D. "预防为主、防消结合"

答案：B

148. 根据《国家电网公司安全工作规定》，公司各级单位应成立应急领导小组，全面领导本单位应急管理工作，应急领导小组组长由本单位（　　）担任。

A. 安监部主任；B. 安全生产分管领导；C. 主要负责人；D. 总工程师

答案：C

149. 根据《国家电网公司安全工作规定》，下列关于应急管理工作的说法不正确的是（　　）。

A. 应急预案由本单位主要负责人签署发布；B. 应急预案应向上级有关部门备案；C. 公司各级单位应根据突发事件类别和影响程度，成立专项事件应急处置领导机构（临时机构），在行政正职领导下，具体负责指挥突发事件的应急处置工作；D. 公司各级单位应按照"平战结合、一专多能、装备精良、训练有素、快速反应、战斗力强"的原则，建立应急救援基干队伍

答案：C

150. 根据《国家电网公司安全工作规定》，公司各级单位应定期组织开展应急演练，（　　）至少组织一次专项应急演练。

A. 每年；B. 每半年；C. 每季度；D. 每月

答案：A

151. 根据《国家电网公司安全工作规定》，公司各级单位应建立应急资金保障机制，落实应急队伍、应急装备、应急物资所需资金，提高应急保障能力；以（　　）年为周期，开展应急能力评估。

A. 1～2；B. 2～3；C. 3～5；D. 4～6

答案：C

152. 根据《国家电网公司安全工作规定》，公司所属各级单位在工程项目和外委业务招标前必须对承包方以下资质和条件进行审查中规定：具有两级机构的承包方应设有专职安全管理机构；施工队伍超过（　　）人的应配有专职安全员。

A. 30；B. 50；C. 100；D. 300

答案：A

153. 根据《国家电网公司安全工作规定》，生产经营单位主要领导、分管领导因安全事故受到撤职处分的，自受处分之日起，（　　）内不得担任任何生产经营单位的主要领导。

A. 三年；B. 五年；C. 七年；D. 九年

答案：B

154. 根据《国家电网公司安全工作奖惩规定》，公司实行（　　）和以责论处的奖惩制度。

A. 安全责任管理；B. 安全目标管理；C. 安全意识管理；D. 安全风险管理

答案：B

155. 根据《国家电网公司安全工作奖惩规定》，公司各级（　　）负责依据事故定性和责任分析，对照本规定提出相关责任单位（部门）及相关责任人员的处罚意见，提请事故调查组审核。

A. 安质部门；B. 办公室；C. 人力资源部（社保中心）；D. 工会

答案：A

156. 根据《国家电网公司安全工作奖惩规定》，公司每年对实现安全目标的省级公司及所属各级单位中做出突出贡献的安全生产先进个人进行表扬，每个省级公司及所属各级单位（不含国调中心、各分部）表扬人员共20名，其中基层单位班组生产一线人员不少于（　　）名。

A. 5；B. 8；C. 10；D. 12

答案：C

157. 根据《国家电网公司安全工作奖惩规定》，实现安全目标的基层单位、安全生产先进个人，由本单位提出申请，经（　　）评选审查后，报国家电网公司审批。

A. 县级公司；B. 地市级公司；C. 省级公司；D. 各级单位

答案：C

158. 根据《国家电网公司安全工作奖惩规定》，表彰奖励应重点向承担主要安全责任和风险的基层单位班组生产一线人员倾斜，基层单位班组生产一线人员奖励名额所占比例不少于（　　）。

A. 80%；B. 60%；C. 50%；D. 40%

答案：C

159. 根据《国家电网公司安全工作奖惩规定》，公司所属各级单位发生负主要及同等责任的重大事故（二级人身、电网、设备事件），对省级公司主要领导、有关分管领导给予（　　）处分。

A. 警告至记过；B. 记过至降级（性质特别严重的，责令辞职）；C. 记过至撤职；D. 记大过至撤职

答案：B

160. 根据《国家电网公司安全工作奖惩规定》，公司所属各级单位发生负主要及同等责任的重大事故（二级人身、电网、设备事件），对事故责任单位（基层单位）主要领导、有关分管领导给予（　　）处分。

A. 警告至记过；B. 记过至降级（性质特别严重的，责令辞职）；C. 记过至撤职；D. 记大过至撤职

答案：D

161. 根据《国家电网公司安全工作奖惩规定》，公司所属各级单位发生负主要及同等责任的重大事故（二级人身、电网、设备事件），对有关责任人员给予（　　）元的经济处罚。

A. 5000～10 000；B. 10 000～20 000；C. 20 000～40 000；D. 30 000～50 000

答案：C

162. 根据《国家电网公司安全工作奖惩规定》，公司所属各级单位发生负主要及同等责任的较大事故（三级人身、电网、设备事件），对事故责任单位（基层单位）主要领导、有关分管领导给予（　　）处分。

A. 通报批评或警告；B. 警告至记大过；C. 记过至降级；D. 记过至撤职

答案：D

163. 根据《国家电网公司安全工作奖惩规定》，公司所属各级单位发生负主要及同等责任的较大事故（三级人身、电网、设备事件），对主要责任者、同等责任者给予（　　）处分。

A. 通报批评或警告至记过；B. 记过至解除劳动合同；C. 留用察看一年至解除劳动合同；D. 警告至留用察看一年

答案：C

164. 根据《国家电网公司安全工作奖惩规定》，公司所属各级单位发生一般事故（四级人身事件），对事故责任单位（基层单位）主要领导、有关分管领导给予（　　）处分。

A. 通报批评或警告至记过；B. 警告至留用察看一年；C. 记过至解除劳动合同；D. 留用察看一年至解除劳动合同

答案：A

165. 根据《国家电网公司安全工作奖惩规定》，公司所属各级单位发生一

般事故（四级人身事件），对主要责任者给予（   ）处分。

A. 通报批评或警告至记过；B. 警告至留用察看一年；C. 记过至解除劳动合同；D. 留用察看一年至解除劳动合同

答案：C

166. 根据《国家电网公司安全工作奖惩规定》，公司所属各级单位发生一般事故（四级人身事件），对有关责任人员给予（   ）元的经济处罚。

A. 2000～3000；B. 3000～5000；C. 5000～10 000；D. 10 000～20 000

答案：D

167. 根据《国家电网公司安全工作奖惩规定》，公司所属各级单位发生一般事故（其他事故），对有关责任人员给予（   ）元的经济处罚。

A. 2000～3000；B. 3000～5000；C. 5000～10 000；D. 10 000～20 000

答案：C

168. 根据《国家电网公司安全工作奖惩规定》，公司所属各级单位发生五级事件（人身、电网、设备、信息系统），对同等责任者给予（   ）处分。

A. 通报批评或警告至记过；B. 警告至留用察看一年；C. 记过至解除劳动合同；D. 留用察看一年至解除劳动合同

答案：A

169. 根据《国家电网公司安全工作奖惩规定》，公司所属各级单位发生五级事件（人身、电网、设备、信息系统），对有关责任人员给予（   ）元的经济处罚。

A. 2000～3000；B. 3000～5000；C. 5000～10 000；D. 10 000～20 000

答案：B

170. 根据《国家电网公司安全工作奖惩规定》，公司所属各级单位发生六级事件（人身、电网、设备、信息系统），对有关责任人员给予（   ）元的经济处罚。

A. 2000～3000；B. 3000～5000；C. 5000～10 000；D. 10 000～20 000

答案：A

171. 根据《国家电网公司安全工作奖惩规定》，发生七级事件（人身、电网、设备、信息系统），对主要责任者应给予（   ）处分。

A. 警告至记过；B. 通报批评或警告至记过；C. 通报批评或警告；D. 通报批评

答案：C

172. 根据《国家电网公司安全工作奖惩规定》，公司所属各级单位发生重大交通事故（造成人身死亡事故），依据事故调查结论，对同等责任者应给予（　　）处分。

A. 通报批评或警告至记过；B. 警告至留用察看一年；C. 记过至留用察看两年；D. 记过至解除劳动

答案：C

173. 根据《国家电网公司安全工作奖惩规定》，发生一般及以上人身事故、一般及以上电网事故或较大及以上设备事故，省公司有关领导要在事故发生后的（　　）到国家电网公司"说清楚"。

A. 一周内；B. 二十日内；C. 两周内；D. 一个月内

答案：C

174. 根据《国家电网公司安全工作奖惩规定》，发生事故，对责任单位和有关人员，依据事故调查组的调查报告结论，按（　　）和本规定给予处罚。

A. 合同管理权限；B. 财务管理权限；C. 经营管理权限；D. 人事管理权限

答案：D

175. 生产经营单位的主要领导、分管领导依照《国家电网公司安全工作奖惩规定》受到撤职处分的，自受处分之日起，（　　）内不得担任任何生产经营单位的主要领导。

A. 五年；B. 六年；C. 七年；D. 十年

答案：A

176. 根据《国家电网公司安全职责规范》，各级（　　）应依法组织员工参与本单位安全生产工作的民主管理与民主监督，维护员工在安全生产方面的合法权益。

A. 安监部门；B. 办公室；C. 人力资源部门；D. 工会

答案：D

177. 根据《国家电网公司安全职责规范》，单位领导人员有以下安全职责：组织开展各类安全检查、隐患排查、教育培训、竞赛评比、表彰先进等工作，并依据各类活动，掌握各项规程规定和制度的落实情况，督促解决电网运行、设备检修工作中的重大问题或倾向性问题，做到任务、时间、（　　）、措施、责任人"五落实"。

A. 计划；B. 物资；C. 地点；D. 费用

答案：D

178.《国家电网公司安全职责规范》规定，各级（　　）是本单位安全第一责任人，负责贯彻执行有关安全生产的法律、法规、规程、规定，把安全生产纳入企业发展战略和整体规划，做到同步规划、同步实施、同步发展。

A. 安监部主任；B. 主管生产负责人；C. 行政正职；D. 党委书记

答案：C

179. 根据《国家电网公司安全职责规范》，行政正职的安全职责中规定：确保安全生产所需资金的足额投入，保证反事故措施和（　　）计划（简称"两措"计划）经费需求。

A. 组织措施；B. 安全技术劳动保护措施；C. 技术措施；D. 风险管控措施

答案：B

180. 根据《国家电网公司安全职责规范》，行政正职的安全职责中规定：及时、如实报告安全生产事故。按照（　　）原则，组织或配合事故调查处理，对性质严重或典型的事故，应及时掌握事故情况，必要时召开专题事故分析会，提出防范措施。

A. 风险管控；B."五同时"；C."四不放过"；D."五落实"

答案：C

181. 根据《国家电网公司安全职责规范》，关于反事故措施，下列说法中不正确的是（　　）。

A. 分管检修工作行政副职组织制定反事故措施计划，并督促实施；B. 工会负责监督检查反事故措施计划的执行和职业安全健康设施的配置；C. 确保安全生产所需资金的足额投入，保证反事故措施和安全技术劳动保护措施计划经费需求是单位行政正职的安全职责之一；D. 分管规划工作行政副职在前期规划设计、可研审查中组织贯彻落实《电力系统安全稳定导则》等有关安全的规程规定和反事故措施要求

答案：B

182. 根据《国家电网公司安全职责规范》，（　　）组织制定本单位安全管理辅助性规章制度和操作规程，组织制定并实施本单位安全生产教育和培训计划。

A. 行政正职；B. 分管安全生产副总经理；C. 分管培训副总经理；D. 安监部主任

答案：A

183. 根据《国家电网公司安全职责规范》，（　　）定期向职工代表大会报告安全生产工作情况，广泛征求安全生产管理意见或建议。

A. 工会主席；B. 党组（党委）书记；C. 行政正职；D. 分管安全生产副总经理

答案：C

184. 根据《国家电网公司安全职责规范》，（ ）负责审核重大用电项目电网发展需求方案有关安全管理要求。

A. 行政正职；B. 分管营销工作行政副职；C. 分管规划工作行政副职；D. 安监部主任

答案：B

185. 根据《国家电网公司安全职责规范》，基层单位二级机构主要负责人应定期召开安全生产月度例会，（ ）班组的安全日活动，抽查班组安全活动记录，并提出改进要求。

A. 每月至少参加一次；B. 每周至少参加一次；C. 每季度至少参加一次；D. 每两周至少参加一次

答案：A

186. 根据《国家电网公司安全职责规范》，下列不属于基层单位二级机构主要负责人安全职责的有（ ）。

A. 是本单位安全第一责任人；B. 组织本单位安全检查活动，检查指导安全生产工作；C. 组织或参加制定重要或大型检修（施工、操作）项目安全组织技术措施；D. 参加定期的运行分析、事故预想及反事故演习

答案：D

187. 根据《国家电网公司安全职责规范》，基层单位二级机构（工地、分场、工区、室、所、队等）（ ）的安全职责中规定：搞好单位安全文化建设，带领单位党团组织，围绕企业和本单位的安全生产形势，对职工进行安全思想、敬业精神和遵章守纪教育，使职工树立起牢固的安全第一思想。

A. 行政正职；B. 党支部书记；C. 分管领导；D. 工会主席

答案：B

188. 根据《国家电网公司安全职责规范》，（ ）负责主持召开班前、班后会和每周一次（或每个轮值）的班组安全日活动，丰富活动内容，增强活动针对性和时效性。

A. 班组长；B. 班组安全员；C. 班组员工；D. 班组技术员

答案：A

189. 《国家电网公司安全职责规范》对（ ）的安全职责规定：对班组全体人员进行经常性的安全思想教育；协助做好岗位安全技术培训以及新入职人员、调换岗位人员的安全培训考试；组织全班人员参加紧急救护法的培训，做到全员正确掌握救护方法。

A. 班组安全员；B. 班组技术员；C. 班组长；D. 班组人员

答案：C

190.《国家电网公司安全职责规范》对（   ）的安全职责规定：组织或参加周安全日活动，对本班组安全生产情况进行总结、分析，开展员工安全思想教育，联系实际，布置当前安全生产重点工作，批评忽视安全、违章作业等不良现象，并做好记录。

A. 班组长；B. 班组安全员；C. 班组技术员；D. 班组人员

答案：B

191.《国家电网公司安全职责规范》对班组安全员的安全职责规定：参与本班组所承担基建、大修、技改等重点工作的（   ）的制定，做好对重点、特殊工作的危险点分析。

A. 风险管控措施、反事故措施、劳动保护措施；B. 组织措施、技术措施、安全措施；C. 组织措施、风险管控措施、应急处置措施；D. 承载力分析措施、技术措施、安全措施

答案：B

192.《国家电网公司安全职责规范》对（   ）的安全职责规定：接受工作任务，应熟悉工作内容、工作流程、作业环境，掌握安全措施，明确工作中的危险点，并履行安全确认手续；严格执行"两票三制"并规范开展作业活动。

A. 班组长；B. 班组安全员；C. 班组技术员；D. 班组员工

答案：D

193.《国家电网公司安全职责规范》对（   ）的安全职责规定：组织制定安全技术及劳动保护措施计划；监督劳保品、安全工器具、安全防护用品的购置、发放和使用；监督"两措"计划的执行情况。

A. 运维检修部；B. 工会；C. 安全监察质量部（保卫部）；D. 人力资源部

答案：C

194. 根据《国家电网公司安全职责规范》，下列不属于安全监察质量部（保卫部）安全职责的有（   ）。

A. 负责编制并组织实施安全应急规划；B. 负责组织制定、修订应急规章制度及应急预案；C. 监督应急器材、车辆等定期维护保养；D. 负责安全生产所需的资金筹措

答案：D

195. 根据《国家电网公司安全职责规范》，（   ）负责组织编制并实施年度反事故技术措施计划。

A. 安全监察质量部（保卫部）；B. 运维检修部；C. 电力科学研究院；D. 电力经济技术研究院

答案：B

196.《国家电网公司安全职责规范》对（   ）的安全职责规定：做好输变配电设备运行、状态巡检、运行操作、维护检修、分析评价和建设改造等安全管理工作。

A. 安全监察质量部（保卫部）；B. 运维检修部；C. 电力调度控制中心；D. 建设部

答案：B

197.《国家电网公司安全职责规范》对（   ）的安全职责规定：组织落实安全文明施工责任制，推行基建施工现场标准化作业，贯彻落实《国家电网公司基建安全管理规定》，检查各项规程规定、安全技术措施和施工安全措施的执行情况，并组织整改落实。

A. 发展策划部；B. 运维检修部；C. 建设部；D. 安全监察质量部（保卫部）

答案：C

198.《国家电网公司安全职责规范》对建设部的安全职责规定：在新建、改建或扩建工程建设中，组织落实事故防范措施，认真贯彻落实国家有关环境保护和职业安全卫生设施与主体工程（   ）的规定，并按照"三同时"原则，负责新建变电站安防、消防系统的设计、施工、验收管理工作，投运前做好向当地公安消防部门报建、报验工作。

A. 同时设计、同时施工、同时投产；B. 同时施工、同时验收、同时投产；C. 同时施工、同时投产、同时运行；D. 同时规划、同时设计、同时施工

答案：A

199.《国家电网公司安全职责规范》对电力调度控制中心的安全职责规定：负责组织制定（   ）方式，在电网调度运行中贯彻落实《电力系统安全稳定导则》等有关规定和要求，编制稳定运行规定和安全控制策略。

A. 电网检修；B. 电网运行；C. 电网 N–1；D. 黑启动

答案：B

200.《国家电网公司安全事故调查规程》（2017 修正版）规定，安全事故体系由人身、电网、设备和（   ）四类事故组成，分为一至八级事件，其中一至四级事件对应国家相关法规定义的特别重大事故、重大事故、较大事故和一般事故。

A. 网络系统；B. 火灾；C. 信息系统；D. 交通

答案：C

201.《国家电网公司安全事故调查规程》（2017 修正版）规定，安全事故调查应坚持（　　）的原则。

A. 实事求是、尊重科学；B. 谁主管、谁负责；C. 预防为主、综合治理；D. 统一领导、分级负责

答案：A

202.《国家电网公司安全事故调查规程》（2017 修正版）规定，关于特别重大人身事故（一级人身事件）说法正确的是（　　）。

A. 一次事故造成 10 人以上死亡，或者 50 人以上重伤者；B. 一次事故造成 20 人以上死亡，或者 100 人以上重伤者；C. 一次事故造成 30 人以上死亡，或者 100 人以上重伤者；D. 一次事故造成 50 人以上死亡，或者 150 人以上重伤者

答案：C

203.《国家电网公司安全事故调查规程》（2017 修正版）规定，一次事故造成 10 人以上 30 人以下死亡，或者 50 人以上 100 人以下重伤者可以判定为（　　）人身事故。

A. 特别重大；B. 重大；C. 较大；D. 一般

答案：B

204.《国家电网公司安全事故调查规程》（2017 修正版）规定，一次事故造成 3 人以上 10 人以下死亡，或者 10 人以上 50 人以下重伤者可以判定为（　　）人身事故。

A. 一般；B. 较大；C. 重大；D. 特别重大

答案：B

205.《国家电网公司安全事故调查规程》（2017 修正版）规定，无人员死亡和重伤，但造成 10 人以上轻伤者可以判定为（　　）人身事件。

A. 二级；B. 三级；C. 四级；D. 五级

答案：D

206.《国家电网公司安全事故调查规程》（2017 修正版）规定，无人员死亡和重伤，但造成 5 人以上 10 人以下轻伤者定义为（　　）。

A. 五级人身事件；B. 六级人身事件；C. 七级人身事件；D. 八级人身事件

答案：B

207.《国家电网公司安全事故调查规程》（2017 修正版）规定，造成电网负荷 2000MW 以上的省（自治区）电网减供负荷（　　）以上者为特别重大电

网事故（一级电网事件）。

A. 20%；B. 30%；C. 40%；D. 50%

答案：B

208.《国家电网公司安全事故调查规程》（2017 修正版）规定，（   ）为重大电网事故（二级电网事件）。

A. 造成区域性电网减供负荷 10% 以上 30% 以下者；B. 造成区域性电网减供负荷 30% 以上者；C. 造成直辖市电网减供负荷 50% 以上，或者 60% 以上供电用户停电者；D. 造成电网负荷 20 000MW 以上的省（自治区）电网减供负荷 30% 以上者

答案：A

209.《国家电网公司安全事故调查规程》（2017 修正版）规定，造成电网负荷 5000MW 以上 2000MW 以下的省（自治区）电网减供负荷 16% 以上 40% 以下者属于（   ）电网事故。

A. 一般；B. 重大；C. 特大；D. 特别重大

答案：B

210.《国家电网公司安全事故调查规程》（2017 修正版）规定，（   ）为较大电网事故（三级电网事件）。

A. 造成区域性电网减供负荷 7% 以上 10% 以下者；B. 造成电网负荷 1000MW 以上 5000MW 以下的省（自治区）电网减供负荷 50% 以上者；C. 造成电网负荷 2000MW 以上的省（自治区）人民政府所在地城市电网减供负荷 40% 以上 60% 以下，或者 50% 以上 70% 以下供电用户停电者；D. 造成电网负荷 20 000MW 以上的省（自治区）电网减供负荷 13% 以上 30% 以下者

答案：A

211.《国家电网公司安全事故调查规程》（2017 修正版）规定，造成其他设区的市电网减供负荷 20% 以上 40% 以下，或者（   ）供电用户停电者为一般电网事故（四级电网事件）。

A. 10% 以上 20% 以下；B. 15% 以上 30% 以下；C. 30% 以上 50% 以下；D. 40% 以上 60% 以下

答案：C

212.《国家电网公司安全事故调查规程》（2017 修正版）规定，造成电网减供负荷（   ）MW 以上者，定为五级电网事件。

A. 100；B. 150；C. 220；D. 600

答案：A

213.《国家电网公司安全事故调查规程》（2017 修正版）规定，（   ）kV 以上系统中，一次事件造成同一变电站内两台以上主变压器跳闸，定为五级电网事件。

A. 110；B. 220；C. 330；D. 500

答案：B

214.《国家电网公司安全事故调查规程》（2017 修正版）规定，220kV 以上电网非正常解列成三片以上，其中至少有三片每片内解列前发电出力和供电负荷超过 100MW，定为（   ）电网事件。

A. 四级；B. 五级；C. 六级；D. 七级

答案：B

215.《国家电网公司安全事故调查规程》（2017 修正版）规定，五级电网事件中变电站内（   ）kV 以上任一电压等级母线非计划全停。

A. 35；B. 110；C. 220；D. 500

答案：C

216.《国家电网公司安全事故调查规程》（2017 修正版）规定，一次事件造成同一变电站内两台以上 110kV（含 66kV）主变压器跳闸，定为（   ）电网事件。

A. 五级；B. 六级；C. 七级；D. 八级

答案：B

217.《国家电网公司安全事故调查规程》（2017 修正版）规定，造成电网减供负荷（   ）者，定为六级电网事件。

A. 40MW 以上 100MW 以下；B. 50MW 以上 100MW 以下；C. 100MW 以上；D. 150MW 以上

答案：A

218.《国家电网公司安全事故调查规程》（2017 修正版）规定，变电站内（   ）kV 母线非计划全停，定为七级电网事件。

A. 35；B. 110；C. 220；D. 330

答案：A

219.《国家电网公司安全事故调查规程》（2017 修正版）规定，未构成七级以上电网事件，下列事件中（   ）为八级电网事件。

A. 110kV（含 66kV）变压器等主设备无主保护，或线路无保护运行；B. 110kV（含 66kV）系统中，开关失灵、继电保护或自动装置不正确动作致使越级跳闸；C. 10kV（含 20、6kV）供电设备（包括母线、直配线）异常

运行或被迫停止运行，并造成减供负荷者；D. 220kV 以上单一母线非计划停运

答案：C

220.《国家电网公司安全事故调查规程》（2017 修正版）规定，（   ）为特别重大设备事故（一级设备事件）。

A. 造成 1000 万元以上 5000 万元以下直接经济损失者；B. 造成 1 亿元以上直接经济损失者；C. 压力容器、压力管道有毒介质泄漏，造成 5 万人以上 15 万人以下转移者；D. 造成 100 万元以上 1000 万元以下直接经济损失者

答案：B

221.《国家电网公司安全事故调查规程》（2017 修正版）规定，锅炉、压力容器、压力管道爆炸者，应定为（   ）设备事故。

A. 特别重大；B. 重大；C. 较大；D. 一般

答案：C

222.《国家电网公司安全事故调查规程》（2017 修正版）规定，（   ）为一般设备事故（四级设备事件）。

A. 造成 100 万元以上 1000 万元以下直接经济损失者；B. 造成 1000 万元以上 5000 万元以下直接经济损失者；C. 造成 1 亿元以上直接经济损失者；D. 造成 50 万元以上 100 万元以下直接经济损失者

答案：A

223.《国家电网公司安全事故调查规程》（2017 修正版）规定，压力容器、压力管道有毒介质泄漏，造成 500 人以上 1 万人以下转移者，为（   ）设备事故。

A. 一般（四级设备事件）；B. 较大（三级设备事件）；C. 重大（二级设备事件）；D. 特大（一级设备事件）

答案：A

224.《国家电网公司安全事故调查规程》（2017 修正版）规定，供热机组装机容量 200MW 以上的热电厂，在当地人民政府规定的采暖期内同时发生 2 台以上供热机组因安全故障停止运行，造成全厂对外停止供热并且持续时间 24h 以上者定义为（   ）。

A. 三级设备事件；B. 四级设备事件；C. 五级设备事件；D. 六级设备事件

答案：B

225.《国家电网公司安全事故调查规程》（2017 修正版）规定，（   ）kV 以上主变压器、换流变压器、高压电抗器、平波电抗器发生本体爆炸、主绝缘

击穿，定为五级设备事件。

A. 35；B. 110；C. 220；D. 500

答案：C

226.《国家电网公司安全事故调查规程》（2017 修正版）规定，（　　）kV
以上输电线路倒塔，定为五级设备事件。

A. 35；B. 110；C. 220；D. 500

答案：D

227.《国家电网公司安全事故调查规程》（2017 修正版）规定，机房不间
断电源系统、直流电源系统故障，造成 A 类机房中的自动化、信息或通信设备
失电，且持续时间 8h 以上为（　　）。

A. 五级设备事件；B. 六级设备事件；C. 五级信息系统事件；D. 六级信
息系统事件

答案：A

228.《国家电网公司安全事故调查规程》（2017 修正版）规定，地市电力
调度控制中心与直接调度范围内 50%以上厂站的调度数据网业务全部中断为
（　　）。

A. 五级设备事件；B. 六级设备事件；C. 五级信息系统事件；D. 六级信
息系统事件

答案：B

229.《国家电网公司安全事故调查规程》（2017 修正版）规定，未构成六
级以上设备事件，（　　），定为七级设备事件。

A. 造成 10 万元以上 20 万元以下直接经济损失者；B. 造成 10 万元以上
30 万元以下直接经济损失者；C. 造成 15 万元以上 20 万元以下直接经济损失
者；D. 造成 15 万元以上 25 万元以下直接经济损失者

答案：A

230.《国家电网公司安全事故调查规程》（2017 修正版）规定，通信系统
出现县供电公司级单位本部通信站通信业务全部中断，且持续时间 8h 以上属于
（　　）。

A. 五级设备事件；B. 六级设备事件；C. 七级设备事件；D. 八级设备
事件

答案：C

231.《国家电网公司安全事故调查规程》（2017 修正版）规定，通信系统
出现地市级以上电力调度控制中心通信中心站的调度台全停，或调度交换网汇

接中心单台调度交换机故障全停，且持续时间 30min 以上属于（　　　）。

A. 五级设备事件；B. 六级设备事件；C. 七级设备事件；D. 八级设备事件

答案：D

232.《国家电网公司安全事故调查规程》（2017 修正版）规定，发生火警为（　　）设备事件。

A. 五级；B. 六级；C. 七级；D. 八级

答案：D

233.《国家电网公司安全事故调查规程》（2017 修正版）规定，造成 5 万元以上 10 万元以下直接经济损失者定义为（　　　）设备事件。

A. 五级；B. 六级；C. 七级；D. 八级

答案：D

234.《国家电网公司安全事故调查规程》（2017 修正版）规定，关于八级设备事件中通信系统说法正确的是（　　　）。

A. 地市供电公司级以上单位行政电话网故障，中断用户数量 20% 以上，且持续时间 2h 以上；B. 地市供电公司级以上单位行政电话网故障，中断用户数量 30% 以上，且持续时间 1h 以上；C. 地市供电公司级以上单位行政电话网故障，中断用户数量 30% 以上，且持续时间 2h 以上；D. 地市供电公司级以上单位行政电话网故障，中断用户数量 40% 以上，且持续时间 2h 以上

答案：C

235.《国家电网公司安全事故调查规程》（2017 修正版）规定，数据（网页）遭篡改、假冒、泄露或窃取，对公司安全生产、经营活动或社会形象产生重大影响为（　　　）信息系统事件。

A. 五级；B. 六级；C. 七级；D. 八级

答案：B

236.《国家电网公司安全事故调查规程》（2017 修正版）规定，（　　　）为五级信息系统事件。

A. 数据（网页）遭篡改、假冒、泄露或窃取，对公司安全生产、经营活动或社会形象产生特别重大影响；B. 省电力公司级以上单位与各下属单位间的网络不可用，影响范围达 80%，且持续时间 4h 以上；C. 地市供电公司级单位本地信息网络不可用，且持续时间 1h 以上；D. 二类信息系统业务中断，且持续时间 6h 以上

答案：A

237.《国家电网公司安全事故调查规程》（2017 修正版）规定，事故主要责任指的是事故发生或扩大主要由一个主体承担责任者，其中主体包括引发事故的（　　）。

A. 单位；B. 系统；C. 个人；D. 单位和个人

答案：D

238.《国家电网公司安全事故调查规程》（2017 修正版）规定，由火灾引起的事故统计为（　　）。

A. 电力生产安全事故；B. 非生产性安全事故；C. 火灾事故；D. 设备事故

答案：C

239.《国家电网公司安全事故调查规程》（2017 修正版）规定，发生信息系统损坏或信息系统泄密的事件统计为（　　）事件。

A. 信息系统失泄密；B. 信息安全；C. 网络系统安全；D. 信息系统安全

答案：D

240.《国家电网公司安全事故调查规程》（2017 修正版）规定，一条线路或同一设备由于同一原因在（　　）h 内发生多次跳闸停运构成事故时，可统计为一次事故。

A. 8；B. 12；C. 24；D. 48

答案：C

241.《国家电网公司安全事故调查规程》（2017 修正版）规定，各有关单位接到事故报告后，每级上报的时间不得超过（　　）h。

A. 1；B. 2；C. 3；D. 4

答案：A

242.《国家电网公司安全事故调查规程》（2017 修正版）规定，八级人身和设备事件由事件发生单位的（　　）或指定专业部门组织调查。

A. 调度部门；B. 运检部门；C. 监察部门；D. 安监部门

答案：D

243.《国家电网公司安全事故调查规程》（2017 修正版）规定，因紧急抢修、防止事故扩大以及疏导交通等，需要变动现场，必须经单位有关领导和（　　）同意，并做出标志、绘制现场简图、写出书面记录，保存必要的痕迹、物证。

A. 运检部门；B. 安监部门；C. 事故发生单位；D. 调查组

答案：B

244.《国家电网公司安全事故调查规程》（2017 修正版）规定，调查（　　）

情况，应查明与事故有关的仪表、自动装置、断路器、保护、故障录波器、调整装置、遥测、遥信、遥控、录音装置和计算机等记录和动作情况。

A. 电网、设备事故；B. 人身事故；C. 信息系统事件；D. 火灾事故

答案：A

245.《国家电网公司安全事故调查规程》（2017 修正版）规定，人身死亡、重伤事故，由（　　）填写《人身事故调查报告书》。

A. 安监部门；B. 监察部门；C. 调查组；D. 政府相关部门

答案：C

246.《国家电网公司安全事故调查规程》（2017 修正版）规定，上级管理单位接到事故调查报告后，（　　）日内以文件形式批复给事故调查的组织单位。

A. 5；B. 10；C. 15；D. 20

答案：C

247.《国家电网公司安全事故调查规程》（2017 修正版）规定，事故调查报告由政府有关机构组织的事故调查，调查完成后，有关调查报告书应由（　　）留档保存，并逐级上报至国家电网公司。

A. 县公司；B. 地市公司；C. 省公司；D. 事故发生单位

答案：D

248.《国家电网公司安全事故调查规程》（2017 修正版）规定，事故调查报告书由事故调查的组织单位以文件形式在事故发生后的（　　）日内报送。特殊情况下，经上级管理单位同意可延至（　　）日。

A. 20、50；B. 30、50；C. 30、60；D. 50、60

答案：C

249.《国家电网公司安全事故调查规程》（2017 修正版）规定，省电力公司、国家电网公司直属公司下属和管理的所有单位于每月有效工作日前（　　）将本月事故快报上报省电力公司、国家电网公司直属公司。

A. 3 日；B. 4 日；C. 5 日；D. 6 日

答案：A

250.《国家电网公司安全事故调查规程》（2017 修正版）规定，县供电公司级单位应于次月（　　）日前将事故报告报地市供电公司级单位；地市供电公司级单位于次月（　　）日前将事故报告的审阅意见批复填报单位，同时将事故报告报省电力公司、国家电网公司直属公司。

A. 1、3；B. 2、3；C. 2、5；D. 3、6

答案：D

251.《国家电网公司安全事故调查规程》（2017 修正版）规定，（　　）以上事故应报送月度事故快报。

A. 五级；B. 六级；C. 七级；D. 八级

答案：C

252.《国家电网公司安全事故调查规程》（2017 修正版）规定，地市供电公司级单位下属和管理的所有单位于每月有效工作日前（　　）日将本月事故快报上报地市供电公司级单位。

A. 3；B. 4；C. 5；D. 6

答案：C

253.《国家电网公司安全事故调查规程》（2017 修正版）规定，安全天数达到（　　）天为一个安全周期。

A. 30；B. 50；C. 100；D. 200

答案：C

254.《国家电网公司安全事故调查规程》（2017 修正版）规定，发生（　　）以上人身事故中断有责单位的安全记录。

A. 一般；B. 五级；C. 六级；D. 七级

答案：B

255.《国家电网公司安全事故调查规程》（2017 修正版）规定，发生（　　）以上电网、设备和信息系统事故均中断事故发生单位的安全记录（免责条款除外）。

A. 一般；B. 五级；C. 六级；D. 七级

答案：C

256.《国家电网公司大面积停电事件应急预案》适用于公司总部开展大面积停电事件应对工作，指导公司系统相关单位大面积停电事件应对工作，规范各级单位大面积停电事件（　　）编制。

A. 应急预案；B. 处置方案；C. 保障方案；D. 应急演练

答案：A

257. 根据《国家电网公司大面积停电事件应急预案》，大面积停电事件发生后，事发单位成立（　　），负责现场组织指挥工作，做好与地方政府现场指挥机构的对接。

A. 应急指挥部；B. 现场指挥部；C. 应急处置领导小组；D. 应急办公室

答案：B

258.《国家电网公司大面积停电事件应急预案》规定，公司各级应急指挥机构应成立应急专家组，为大面积停电事件应对工作提供（   ）和建议。

A. 技术咨询；B. 保障方案；C. 专业评估；D. 事故分析

答案：A

259. 根据《国家电网公司大面积停电事件应急预案》，公司大面积停电事件一级预警对应（   ）预警。

A. 黄色；B. 蓝色；C. 橙色；D. 红色

答案：D

260.《国家电网公司大面积停电事件应急预案》规定，国家电网公司大面积停电事件预警分为一级、二级、三级和四级，其中（   ）为最高级别。

A. 一级；B. 二级；C. 三级；D. 四级

答案：A

261. 根据《国家电网公司大面积停电事件应急预案》，根据事态发展，经研判不会发生大面积停电事件时，按照（   ）的原则及时宣布解除预警，适时终止相关措施。如预警期满或直接进入应急响应状态，预警自动解除。

A. 谁主管、谁解除；B. 谁主管、谁负责；C. 谁发布、谁解除；D. 谁发布、谁负责

答案：C

262.《国家电网公司大面积停电事件应急预案》规定，公司大面积停电事件处置（   ）小组根据大面积停电影响范围、严重程度和社会影响，确定响应级别。

A. 保障；B. 工作；C. 领导；D. 指挥

答案：C

263.《国家电网公司大面积停电事件应急预案》规定，对于尚未达到一般大面积停电事件标准，但对社会产生较大影响的其他停电事件，也应启动应急响应。若发生在地市或省会城市，地市或省会城市供电公司应立即启动（   ）级应急响应。

A. Ⅰ；B. Ⅱ；C. Ⅲ；D. Ⅳ

答案：D

264. 根据《国家电网公司大面积停电事件应急预案》，对于尚未达到一般大面积停电事件标准，但对社会产生较大影响的其他停电事件，也应启动应急响应。若发生在县或县级市，县公司应立即启动（   ）级应急响应。

A. Ⅰ；B. Ⅱ；C. Ⅲ；D. Ⅳ

答案：C

265.《国家电网公司大面积停电事件应急预案》规定，事发单位按照签订的（　　），与公司内部单位以及政府、社会相关部门和单位启动协调联动机制，共同应对停电事件。

A. 应急协调联动协议；B. 应急预案；C. 现场处置方案；D. 政企联动协议

答案：A

266.《国家电网公司大面积停电事件应急预案》规定，国家电网公司大面积停电事件中，事发单位、救援单位、相关部门加强次生灾害（　　），防范因停电导致的生产安全事故。

A. 监测预警；B. 现场警戒；C. 预测处置；D. 事态监测

答案：A

267. 根据《国家电网公司大面积停电事件应急预案》，公司大面积停电事件处置（　　）组织对大面积停电范围、影响程度、发展趋势及恢复进度进行评估，并将评估情况报公司大面积停电事件处置领导小组，必要时为请求政府部门支援提供依据。

A. 领导小组办公室；B. 工作小组办公室；C. 保障小组；D. 指挥小组

答案：A

268. 根据《国家电网公司大面积停电事件应急预案》，事发单位在获知发生大面积停电事件后（　　）内，即时报告公司大面积停电事件处置领导小组办公室。即时报告可以以电话、传真、邮件、短信息等形式上报。向上级即时报告后，应在（　　）内以书面形式上报，并按照要求做好续报工作。

A. 30min，1h；B. 30min，2h；C. 1h，1h；D. 1h，2h

答案：B

269. 根据《国家电网公司大面积停电事件应急预案》，获知发生大面积停电事件后，公司大面积停电事件处置领导小组办公室（　　）h 内报能源局、国资委。

A. 1；B. 2；C. 3；D. 4

答案：A

270. 根据《国家电网公司大面积停电事件应急预案》，获知发生大面积停电事件后，办公厅（　　）h 内报国务院应急办。

A. 1；B. 2；C. 3；D. 4

答案：A

271. 根据《国家电网公司大面积停电事件应急预案》，获知发生大面积停电事件后，如构成重大以上生产安全事故，安质部（　　）报告国家安全监管总局。

A. 立即；B. 30min 内；C. 1h 内；D. 2h 内

答案：A

272. 根据《国家电网公司大面积停电事件应急预案》，Ⅰ、Ⅱ级应急响应期间，执行每天（　　）次定时报告制度。

A. 一；B. 两；C. 三；D. 四

答案：B

273.《国家电网公司大面积停电事件应急预案》规定，国家电网公司大面积停电事件中，预警期内和Ⅲ、Ⅳ级应急响应期间，执行每天（　　）次定时报告制度。

A. 一；B. 二；C. 三；D. 四

答案：A

274.《国家电网公司大面积停电事件应急预案》规定，公司总（分）部、省公司、地市公司、县公司，相关直属单位应组织与本单位大面积停电事件应急预案密切相关人员开展培训，每（　　）至少一次。

A. 三个月；B. 半年；C. 一年；D. 两年

答案：C

275.《国家电网公司大面积停电事件应急预案》规定，大面积停电事件分级标准中规定的一般大面积停电事件的是（　　）。

A. 区域性电网：减供负荷 30%以上；B. 其他设区的市电网：减供负荷 20%以上 40%以下，或 30%以上 50%以下供电用户停电；C. 直辖市电网：减供负荷 20%以上 50%以下，或 30%以上 60%以下供电用户停电；D. 县级市电网：负荷 150MW 以上的减供负荷 60%以上，或 70%以上供电用户停电

答案：B

276. 在《国家电网公司质量事件调查管理办法》中，质量事件共分（　　）级。

A. 五；B. 六；C. 七；D. 八

答案：D

277. 根据《国家电网公司质量事件调查管理办法》，质量事件调查是指依据有关法律法规、制度标准等，坚持（　　）的原则，及时、准确地查清事件经过、原因、损失及影响，认定事件类别、等级及其责任单位、部门和人员，提出整改措施和处理意见，并督促整改措施有效落实，促进各项质量管理工作

协调开展。

A. 实事求是、尊重科学；B. 谁主管、谁负责；C. 预防为主、综合治理；
D. 统一领导、分级负责

答案：A

278. 根据《国家电网公司质量事件调查管理办法》，各级单位质量事件调查工作由本单位（　　）统一领导，质量监督部门、质量保证部门及技术支撑单位共同参与。

A. 安全管理机构；B. 安全生产委员会；C. 生产技术部门；D. 工程建设部门

答案：B

279. 根据《国家电网公司质量事件调查管理办法》，各级（　　）部门作为质量监督部门，负责质量事件信息的汇总、上报和统计，组织或参与质量事件的调查、分析和处理，督促整改措施的落实。

A. 运检；B. 安质；C. 调控；D. 建设

答案：B

280. 根据《国家电网公司质量事件调查管理办法》，各级发展、运检、营销、农电、建设、科技、信通、物资、调控等专业管理部门是质量（　　）。

A. 监督部门；B. 考核部门；C. 保证部门；D. 技术支撑部门

答案：C

281.《国家电网公司质量事件调查管理办法》规定，因质量原因造成（　　）元以上直接经济损失为一级质量事件。

A. 1000 万；B. 5000 万；C. 8000 万；D. 1 亿

答案：D

282.《国家电网公司质量事件调查管理办法》规定，因质量原因造成 5000万元以上 1 亿元以下直接经济损失为（　　）级质量事件。

A. 一；B. 二；C. 三；D. 四

答案：B

283. 根据《国家电网公司质量事件调查管理办法》，因质量原因造成 100万元以上 1000 万元以下直接经济损失为（　　）级质量事件。

A. 一；B. 二；C. 三；D. 四

答案：D

284. 根据《国家电网公司质量事件调查管理办法》，220kV 以上主变压器、换流变压器、高压电抗器、平波电抗器发生本体爆炸［不包括套管、绝缘支柱、组合电器（GIS）外壳的爆炸或破裂]、主绝缘击穿，属于（　　）级质量事件。

　　A. 四；B. 五；C. 六；D. 七

　　答案：B

　　285.《国家电网公司质量事件调查管理办法》规定，因供电部门责任造成二级重要电力用户（包括临时电力用户）停电并造成重大影响的停电事件为（　　）级质量事件。

　　A. 五；B. 六；C. 七；D. 八

　　答案：B

　　286.《国家电网公司质量事件调查管理办法》规定，造成单次电费差错 5 万元以上 10 万元以下为（　　）级质量事件。

　　A. 五；B. 六；C. 七；D. 八

　　答案：D

　　287.《国家电网公司质量事件调查管理办法》规定，10kV 以上输变电设备跳闸（10kV 线路跳闸重合成功不计）、被迫停运、非计划检修、停止备用，或设备异常造成限（将）负荷（输送功率）运行，为（　　）级质量事件。

　　A. 五；B. 六；C. 七；D. 八

　　答案：D

　　288.《国家电网公司质量事件调查管理办法》规定，（　　）级质量事件由地市公司级单位（或其授权的单位）或事件发生单位组织调查。

　　A. 四；B. 五；C. 六；D. 七

　　答案：D

　　289.《国家电网公司质量事件调查管理办法》规定，发生（　　）级以上质量事件，应立即按资产关系或管理关系逐级上报至国家电网公司总部及相关区域分部。

　　A. 三；B. 四；C. 五；D. 六

　　答案：C.

　　290.《国家电网公司质量事件调查管理办法》规定，七级质量事件报告由地市公司级单位在事件发生后（　　）天内逐条报送至国家电网公司；特殊情况下，经上级单位同意可延长至（　　）天。

　　A. 20、40；B. 30、60；C. 40、80；D. 50、100

　　答案：B

　　291.《国家电网公司质量事件调查管理办法》规定，公司对质量事件实行（　　）责任追究。质量事件调查组在事件责任确定后，依据《国家电网公司员工奖惩规定》等有关规定提出对事件责任人员的处理意见。

A. 三年；B. 五年；C. 八年；D. 终身

答案：D

292.《国家电网公司安全隐患排查治理管理办法》规定，安全隐患排查治理是企业管理的重要内容，按照"谁主管、谁负责"和（　　）的原则，明确责任主体，落实职责分工，实行分级分类管理，做好全过程闭环管控。

A."横向到边、纵向到底"；B."全员、全面、全过程、全方位"；C."全覆盖、勤排查、快治理"；D."党政工团齐抓共管"

答案：C

293.《国家电网公司安全隐患排查治理管理办法》规定，安全隐患是指安全风险程度较高，可能导致（　　）发生的作业场所、设备设施、电网运行的不安全状态、人的不安全行为和安全管理方面的缺失。

A. 异常；B. 缺陷；C. 故障；D. 事故

答案：D

294.《国家电网公司安全隐患排查治理管理办法》规定，Ⅰ级重大事故隐患可能造成（　　）级人身、电网或设备事件。

A. 1～2；B. 2～3；C. 1～3；D. 4～5

答案：A

295.《国家电网公司安全隐患排查治理管理办法》规定，Ⅱ级重大事故隐患可能造成（　　）级人身或电网事件。

A. 1～2；B. 2～3；C. 3～4；D. 4～5

答案：C

296.《国家电网公司安全隐患排查治理管理办法》规定，一般事故隐患可能造成（　　）级信息系统事件。

A. 1～3；B. 2～5；C. 6～7；D. 7～8

答案：C

297.《国家电网公司安全隐患排查治理管理办法》规定，安全隐患分为Ⅰ级重大事故隐患、Ⅱ级重大事故隐患、一般事故隐患和（　　）。

A. 轻微交通隐患；B. 一般交通隐患；C. 重大交通隐患；D. 安全事件隐患

答案：D

298.《国家电网公司安全隐患排查治理管理办法》规定，可能造成3～4级人身或电网事件的隐患为（　　）。

A．Ⅰ级重大事故隐患；B．Ⅱ级重大事故隐患；C．一般事故隐患；D．安全事件隐患

答案：B

299.《国家电网公司安全隐患排查治理管理办法》规定，安全管理中存在安全监督管理机构未成立情况，定性为（　　）。

A．Ⅰ级重大事故隐患；B．Ⅱ级重大事故隐患；C．一般事故隐患；D．安全事件隐患

答案：B

300.《国家电网公司安全隐患排查治理管理办法》规定，安全管理中存在安全培训不到位情况，定性为（　　）。

A．Ⅰ级重大事故隐患；B．Ⅱ级重大事故隐患；C．一般事故隐患；D．安全事件隐患

答案：B

301.《国家电网公司安全隐患排查治理管理办法》规定，可能造成 7 级人身事件的隐患为（　　）。

A．Ⅰ级重大事故隐患；B．Ⅱ级重大事故隐患；C．一般事故隐患；D．安全事件隐患

答案：C

302.《国家电网公司安全隐患排查治理管理办法》规定，可能造成 7 级电网或设备事件的隐患为（　　）。

A．Ⅰ级重大事故隐患；B．Ⅱ级重大事故隐患；C．一般事故隐患；D．安全事件隐患

答案：C

303.《国家电网公司安全隐患排查治理管理办法》规定，可能造成一般交通事故的隐患为（　　）。

A．Ⅰ级重大事故隐患；B．Ⅱ级重大事故隐患；C．一般事故隐患；D．安全事件隐患

答案：C

304.《国家电网公司安全隐患排查治理管理办法》规定，安全事件隐患可能造成（　　）级信息系统事件。

A．5；B．6；C．7；D．8

答案：D

305.《国家电网公司安全隐患排查治理管理办法》规定，各级单位（　　）

对本单位隐患排查治理工作负全责。

A. 主要负责人；B. 主要技术负责人；C. 分管负责人；D. 安全管理人员

答案：A

306.《国家电网公司安全隐患排查治理管理办法》规定，各级（　　）部门是部门隐患排查治理的监督部门，负责督办、检查隐患排查治理工作，归口管理相关数据的汇总、统计、分析、上报。

A. 调度控制；B. 运维检修；C. 发展策划；D. 安全监察

答案：D

307.《国家电网公司安全隐患排查治理管理办法》规定，对区域电网内主网架结构性缺陷，或主设备普遍性问题的隐患组织排查、评估、定级、治理方案制定，明确治理责任主体，并督促实施是（　　）的职责。

A. 公司总部；B. 分部；C. 省公司级单位；D. 地市公司级单位

答案：B

308.《国家电网公司安全隐患排查治理管理办法》规定，负责重大事故隐患排查治理的闭环管理是（　　）的职责。

A. 公司总部；B. 分部；C. 省公司级单位；D. 地市公司级单位

答案：C

309.《国家电网公司安全隐患排查治理管理办法》规定，核定所属单位上报的重大事故隐患，组织制定、审查批准治理方案，监督、协调治理方案实施，对治理结果进行验收是（　　）的职责。

A. 公司总部；B. 分部；C. 省公司级单位；D. 地市公司级单位

答案：C

310.《国家电网公司安全隐患排查治理管理办法》规定，负责安全事件隐患治理的闭环管理是（　　）的职责。

A. 分部；B. 省公司级单位；C. 地市公司级单位；D. 县公司级单位

答案：D

311.《国家电网公司安全隐患排查治理管理办法》规定，负责一般事故隐患治理的闭环管理是（　　）的职责。

A. 公司总部；B. 分部；C. 省公司级单位；D. 地市公司级单位

答案：D

312.《国家电网公司安全隐患排查治理管理办法》规定，（　　）对承包、承租、代维单位隐患排查治理负有统一协调和监督管理的职责。

A. 各级单位；B. 省公司；C. 运检部门；D. 安全监察部门

答案：A

313.《国家电网公司安全隐患排查治理管理办法》规定，安全隐患排查方案编制应依据（   ）或者设计规范、管理标准、技术标准以及企业的安全生产目标等。

A. 安全生产法；B. 安全生产法律、法规；C. 国家法律；D. 地方规定

答案：B

314.《国家电网公司安全隐患排查治理管理办法》规定，安全隐患的等级由隐患所在单位按照（   ）三个步骤确定。

A. 预评估、评估、认定；B. 评估、考核、验收；C. 评估、验收、考核；D. 预评估、考核、验收

答案：A

315.《国家电网公司安全隐患排查治理管理办法》规定，初步判定为一般事故隐患的，（   ）周内报地市公司级单位的专业职能部门，地市公司级单位接报告后（   ）周内完成专业评估、主管领导审定。

A. 1、2；B. 2、1；C. 1、1；D. 2、2

答案：C

316.《国家电网公司安全隐患排查治理管理办法》规定，地市公司、县公司应开展安全隐患定期评估。定期评估周期一般为地市、县公司单位（   ），可结合安委会会议、安全分析会等进行。

A. 每月一次；B. 每季度一次；C. 每半年一次；D. 每年一次

答案：A

317.《国家电网公司安全隐患排查治理管理办法》规定，因计划检修、临时检修和特殊方式等使电网运行方式变化而引起的电网运行隐患风险，由相应（   ）发布预警通告，相关部门制定应急预案。

A. 运检部门；B. 安质部门；C. 调度部门；D. 应急指挥中心

答案：C

318.《国家电网公司安全隐患排查治理管理办法》规定，地市和县公司级单位应运用安全隐患管理信息系统，做到（   ）。

A. 一库一平台；B. 一患一档；C. 一卡一册；D. 两单一表

答案：B

319.《国家电网公司安全隐患排查治理管理办法》规定，地市公司级单位安全监察部门每月（   ）日前将本单位当月"安全隐患排查治理情况月报表"报省公司级单位安全监察部门。

A. 21；B. 25；C. 28；D. 23

答案：D

320.《国家电网公司安全隐患排查治理管理办法》规定，安全隐患实行（   ）制度。

A. 下级对上级负责；B. 逐级挂牌督办；C. 上级限期督办；D. 闭环整改

答案：B

321.《国家电网公司安全隐患排查治理管理办法》规定，分部、省公司、地市公司和县公司级单位安全监察部门根据掌握的隐患信息情况，以（   ）形式进行督办。

A.《安全整改通知单》；B.《安全监督通知书》；C.《风险预警通知单》；D.《问题整改反馈单》

答案：B

322. 根据《国家电网公司安全生产反违章工作管理办法》，管理违章是指（   ）不履行岗位安全职责、不落实安全管理要求、不健全安全规章制度、不执行安全规章制度等的各种不安全作为。

A. 企业负责人；B. 各级领导、管理人员；C. 企业法人；D. 班组长

答案：B

323. 根据《国家电网公司安全生产反违章工作管理办法》，行为违章是指（   ）在电力建设、运行、检修、营销服务等生产活动过程中，违反保证安全的规程、规定、制度、反事故措施等的不安全行为。

A. 生产人员；B. 三种人；C. 班组成员；D. 现场作业人员

答案：D

324. 根据《国家电网公司安全生产反违章工作管理办法》，（   ）是本单位反违章工作领导机构办公室，负责反违章工作的归口管理，对反违章工作进行监督、评估、考核。

A. 各级运检部门；B. 各级建设部门；C. 各级安监部门；D. 分管安全领导

答案：C

325. 根据《国家电网公司安全生产反违章工作管理办法》，建立（   ），提前公示作业信息，明确作业任务、时间、人员、地点，主动接受反违章现场监督检查。

A. 电网风险预警机制；B. 现场作业信息网上公布制度；C. 安全风险管控机制；D. 到岗到位机制

答案：B

326. 根据《国家电网公司安全生产反违章工作管理办法》，以下行为属于安全生产典型违章 100 条：作业现场未按要求设置围栏；作业人员擅自（　　）安全围栏或超越安全警戒线。

A. 移动；B. 拆除；C. 穿、跨越；D. 破坏

答案：C

327. 根据《国家电网公司安全生产反违章工作管理办法》，以下行为属于安全生产典型违章 100 条：在继保屏上作业时，运行设备与检修设备无明显标志隔开，或在保护盘上或附近进行振动较大的工作时，未采取防（　　）的安全措施。

A. 振动；B. 短路；C. 触电；D. 掉闸

答案：D

328. 根据《国家电网公司安全生产反违章工作管理办法》，以下行为属于安全生产典型违章 100 条：在行人道口或（　　）从事高处作业，工作地点的下面不设围栏、未设专人看守或其他安全措施。

A. 人口密集区；B. 人行过道；C. 交叉路口；D. 集贸市场

答案：A

329. 根据《国家电网公司安全生产反违章工作管理办法》，以下行为属于安全生产典型违章 100 条：不落实电网（　　）安排和调度计划。

A. 运行方式；B. 检修方式；C. 应急方式；D. 事故方式

答案：A

330. 根据《国家电网公司安全生产反违章工作管理办法》，以下行为属于安全生产典型违章 100 条：大型施工或危险性较大作业期间（　　）未到岗到位。

A. 安监人员；B. 领导；C. 生产管理人员；D. 管理人员

答案：D

331. 根据《国家电网公司安全生产反违章工作管理办法》，以下行为属于安全生产典型违章 100 条：作业人员擅自扩大（　　）或擅自改变已设置的安全措施。

A. 工作范围；B. 工作内容；C. 工作性质；D. 工作范围、工作内容

答案：D

332. 根据《国家电网公司电力安全工器具管理规定》，安全工器具应严格履行物资验收手续，由（　　）负责组织验收，安全监察质量部门和使用单位

派人参加。

A. 运检部门；B. 使用单位；C. 物资部门；D. 供应商

答案：C

333. 根据《国家电网公司电力安全工器具管理规定》，建立安全工器具管理台账，做到账、卡、物相符，试验报告、检查记录齐全是（　　）的管理职责。

A. 运检部门；B. 安全监察质量部；C. 物资部门；D. 班组（站、所、施工项目部）

答案：D

334. 根据《国家电网公司电力安全工器具管理规定》，对于没有应用经验的新型安全工器具，应经（　　）检验合格，由地市供电企业专业部门组织认定并批准后，方可试用。

A. 运检部门；B. 有资质的检验机构；C. 物资部门；D. 使用单位

答案：B

335. 根据《国家电网公司电力安全工器具管理规定》，使用单位（　　）至少应组织一次安全工器具使用方法培训，新进员工上岗前应进行安全工器具使用方法培训；新型安全工器具使用前应组织针对性培训。

A. 每月；B. 每季度；C. 每半年；D. 每年

答案：D

336. 根据《国家电网公司电力安全工器具管理规定》，绝缘安全工器具使用前、后应（　　）。

A. 检查；B. 试验；C. 清洗；D. 擦拭干净

答案：D

337. 根据《国家电网公司电力安全工器具管理规定》，安全工器具宜根据产品要求存放于合适的温度、湿度及（　　）条件处，与其他物资材料、设备设施应分开存放。

A. 阳光充足；B. 通风；C. 检查方便；D. 取用方便

答案：B

338. 根据《国家电网公司电力安全工器具管理规定》，超过有效使用期限，不能达到有效防护功能指标的安全工器具应（　　）。

A. 重新检验；B. 进行修理；C. 进行封存；D. 予以报废

答案：D

339. 根据《国家电网公司电力安全工器具管理规定》，报废的安全工器具应及时清理，不得与合格的安全工器具存放在一起，（　　）使用报废的安全工器具。

A. 可以继续；B. 紧急情况下可以；C. 严禁；D. 经批准可以

答案：C

340. 根据《国家电网公司电力安全工器具管理规定》，班组（站、所）应（　　）对安全工器具进行全面检查，做好检查记录；对发现不合格或超试验周期的应隔离存放，做出禁用标识，停止使用。

A. 每周；B. 每月；C. 每季度；D. 每年

答案：B

341. 根据《国家电网公司电力安全工器具管理规定》，地市公司级单位应（　　）对所属单位的安全工器具进行监督检查，做好检查记录。发现不合格安全工器具或管理方面存在的薄弱环节，督促责任单位、班组及时整改。

A. 每月；B. 每季度；C. 每半年；D. 每年

答案：C

342. 根据《国家电网公司电力建设起重机械安全监督管理办法》，施工企业对本企业起重机械的安全管理与监督负总责的人员是（　　）。

A. 项目经理；B. 行政正职；C. 主管安全生产副总经理；D. 本企业安全监察部门负责人

答案：B

343. 根据《国家电网公司电力建设起重机械安全监督管理办法》，实施监检的起重机械，购置前要核实是否取得政府监检机构颁发的（　　）。

A.《起重机械制造监督检验证书》和钢印标志；B.《起重机械设计制造证书》和钢印标志；C.《起重机械制出厂合格证书》和钢印标志；D.《起重机械检验合格证书》和钢印标志

答案：A

344. 根据《国家电网公司电力建设起重机械安全监督管理办法》，起重器械租赁时，应向获得国家有关部门经营许可的（　　）租赁。

A. 租赁单位；B. 个人；C. 租赁单位或个人；D. 经本单位备案的租赁单位和个人

答案：A

345. 根据《国家电网公司电力建设起重机械安全监督管理办法》，租赁的起重机械，（　　）应当对出租的起重机械的安全性能进行检测。

A. 租赁单位；B. 使用单位；C. 管理单位；D. 施工单位

答案：A

346. 根据《国家电网公司电力建设起重机械安全监督管理办法》，起重机械进场使用前，非使用单位安全职责的是（　　）。

A. 对起重器械操作员进行培训；B. 对进入施工现场的起重机械和机具的安全状况的准入检查；C. 对进入施工现场起重机械作业人员资格的审查和核实；D. 负责对起重机械安拆队伍资质初审

答案：A

347. 根据《国家电网公司电力建设起重机械安全监督管理办法》，30t及以上起重机械、80t·m及以上建筑起重机械的安装拆卸，现场必须成立（　　），明确现场总指挥、监理和施工、技术、安全、质量等负责人及安全责任。

A. 指挥部；B. 项目指挥部；C. 安装拆卸领导小组；D. 技术监督机构

答案：C

348. 根据《国家电网公司电力建设起重机械安全监督管理办法》，安装拆卸起重机械必须编写（　　）。

A. 安装拆卸方案；B. 组织措施；C. 技术措施；D. 专项作业指导书

答案：D

349. 根据《国家电网公司电力建设起重机械安全监督管理办法》，起重机械在投入使用前或者投入使用后（　　）日内，应按照规定到产权单位所在地登记部门办理使用登记，取得使用登记证书。

A. 15；B. 30；C. 60；D. 90

答案：B

350. 根据《国家电网公司电力建设起重机械安全监督管理办法》，起重机械使用单位应当按照安全技术规范的要求，在检验合格有效期届满前（　　）内向检验机构提出定期检验要求。

A. 半个月；B. 一个月；C. 两个月；D. 三个月

答案：B

351. 根据《国家电网公司电力建设起重机械安全监督管理办法》，采用非常规起重设备、方法，且单件起吊重量在（　　）kN以上的工程需编制的专项施工方案（含安全技术措施），并按国家有关规定组织专家进行论证、审查，完善专项施工方案，经相关负责人签字后实施。

A. 5；B. 10；C. 15；D. 20

答案：B

352.《国家电网公司安全设施标准》规定，（　　）是界定危险区域、防止人身伤害及影响设备（设施）正常运行或使用的标识线。

A. 安全标志；B. 安全遮栏；C. 安全警示线；D. 安全标示线

答案：C

353.《国家电网公司安全设施标准》规定，（   ）是提醒人们对周围环境引起注意，以避免可能发生危险的图形标志。

A. 提示标志；B. 指令标志；C. 禁止标志；D. 警告标志

答案：D

354.《国家电网公司安全设施标准》规定，变电站设备区与其他功能区、运行设备区与改（扩）建施工区之间应装设区域（   ）。

A. 隔离遮栏；B. 安全警示线；C. 隔离标识；D. 安全围栏

答案：A

355.《国家电网公司安全设施标准》规定，标志牌应采用坚固耐用的材料制作，并满足安全要求。对于照明条件差的场所，标志牌宜用（   ）制作。

A. 发光材料；B. 不锈钢材料；C. 荧光材料；D. 反光材料

答案：C

356.《国家电网公司安全设施标准》规定，低压配电屏（箱）、二次设备屏等有触电危险或易造成短路的作业场所悬挂的标志牌应使用（   ）制作。

A. 木质材料；B. 阻燃材料；C. 绝缘材料；D. 金属材料

答案：C

357.《国家电网公司安全设施标准》规定，设备区入口，应根据通道、设备、电压等级等具体情况，在醒目位置按配置规范设置相应的（   ）。

A. 安全防护设施；B. 警告标志；C. 安全标识；D. 安全标志牌

答案：D

358.《国家电网公司安全设施标准》规定，电力线路杆塔，应根据电压等级、线路途经区域等具体情况，在醒目位置按配置规范设置相应的安全标志牌，如（   ）等。

A."有电危险！"；B."禁止攀登　高压危险"；C."禁止攀登"；D."止步　高压危险"

答案：B

359.《国家电网公司安全设施标准》规定，具有对人体有害的气体、气溶胶、烟尘等作业场所，如有毒物散发的地点或处理有毒物造成的事故现场等处必须戴（   ）。

A. 护目眼镜；B. 正压式消防空气呼吸器；C. 防毒面具；D. 口罩

答案：C

360.《国家电网公司安全设施标准》规定，多个标志在一起设置时，应按照（　　）类型的顺序，先左后右、先上后下地排列，且应避免出现相互矛盾、重复的现象。

A. 禁止、警告、指令、提示；B. 警告、禁止、提示、指令；C. 禁止、警告、提示、指令；D. 警告、禁止、指令、提示

答案：D

361.《国家电网公司安全设施标准》规定，临时遮栏（围栏）高度应为1050～1200mm，防坠落遮栏应在下部装设不低于（　　）mm高的挡脚板。

A. 150；B. 160；C. 180；D. 200

答案：C

362. 2017年5月14日，国网青岛供电公司所属集体企业青岛恒源送变电工程有限公司，承建的胶州铺集110kV输电工程发生一起铁塔倒塌，劳务分包单位人员坠落死亡的人身事故。共造成（　　）人死亡。

A. 2；B. 3；C. 4；D. 5

答案：C

363. 2016年（　　），国网冀北电力唐山供电公司220kV罗屯变电站110kV兴东二线113线路停电检修，站里进行113-2隔离开关检修，加装站端避雷器，一名检修人员（男，54岁，唐山供电公司变电检修室职工）在打开隔离开关A相线路侧引线连接板时，失去地线保护，发生感应电触电，经抢救无效死亡。

A. 3月28日；B. 3月30日；C. 4月1日；D. 4月5日

答案：C

364. 2016年9月2日上午，国网（　　）电力检修公司输电检修中心在330kV马营变电站开展带电检测零值瓷质绝缘子工作，10时5分，一名检测人员（赵×，男，29岁，检修公司输电检修中心职工）在330kV设备区马营-段家Ⅰ间隔门型构架上移位时发生高空坠落。11时38分，经医院抢救无效死亡。

A. 山西；B. 山东；C. 陕西；D. 河北

答案：C

365. 2015年5月3日，国网安徽送变电工程公司承建的特高压灵绍直流输电线路工程发生一起因分包单位组立抱杆倾倒，造成分包单位3人死亡的人身事故。事故发生的主要原因是组立抱杆时，未按照施工方案要求执行（　　）的施工方法，而采取了错误的施工方法，且没有落实施工方法的安全技术措施，抱杆临时拉线也未使用已埋设完成的地锚，违规设置钻桩，在吊装抱杆时，钻

桩被拔出，抱杆倾倒，在抱杆上作业的 3 名施工人员随之摔落，并被抱杆砸中，经抢救无效死亡。

A. 分解组立抱杆；B. 整体组立抱杆；C. 先整体组立抱杆上段，然后利用组装好的下段塔材提升抱杆；D. 整体组立抱杆下段，再利用抱杆顶部的小抱杆（角钢）接长主抱杆

答案：C

366. 宁夏电力 330kV 清水河变电站全停事故等级为（　　）。

A. 四级电网事故；B. 五级电网事故；C. 六级电网事故；D. 五级设备事故

答案：B

367. 福建电力 2016 年 12·23 人身死亡事故中，吴某某死亡主要原因是（　　）。

A. 树木倒落过程中与东大Ⅱ路 C 相安全距离不足瞬间放电；B. 砍剪树木中发生高处坠落；C. 未使用安全防护装备；D. 验电接地安全措施落实不到位

答案：A

368. 江西输变电建设公司 2017 年 5·7 分包人身死亡事故等级为（　　）。

A. 特别重大人身事故；B. 重大人身事故；C. 较大人身事故；D. 一般人身事故

答案：C

369. 2017 年，内蒙古锡盟—江苏泰州±800kV 特高压直流输电线路工程（津 1 标段）发生的人身死亡事故中，死亡人员是（　　）。

A. 劳务分包单位施工队长；B. 劳务分包单位作业人员；C. 施工项目部人员；D. 建设管理单位人员

答案：B

370. 2017 年 3 月 23 日，西藏电力 110kV 昌都中心变电站停电事件的直接原因（　　）。

A. 35kV 昌火Ⅰ线光纤差动保护因通道异常闭锁；B. 35kV 昌泉线 A 相接地，引起 35kV 昌火Ⅰ线对侧电缆头击穿三相短路；C. 线路后备保护与主变压器高中压侧后备保护定值配合不当；D. 安全技术培训不到位

答案：B

371. 2015 年 12 月 23 日，乌克兰电网发生大面积停电事件，电力中断 3～6h，约 140 万人受到影响。 引发事件的原因是（　　）。

A. 人员误操作；B. 调度误调度；C. 设备质量；D. 网络黑客攻击

答案：D

372. 2016 年 9 月 2 日上午，陕西检修公司输电检修中心在 330kV 马营变电站开展带电检测零值瓷质绝缘子工作中，作业人员（   ），发生高空坠落事故。

A. 未穿戴安全带；B. 在构架横梁上横向移位过程中，未使用安全带和安全绳措施；C. 未使用安全绳；D. 安全带未经试验

答案：B

373. 2016 年 8 月 18 日，国网辽宁大连供电公司 66kV 电缆故障，弧光引起同沟敷设的 66kV 电缆烧损短路跳闸，造成（   ）座 66kV 变电站停电，损失负荷（   ）万 kW。

A. 6；8.2；B. 6；9.2；C. 7；8.2；D. 7；9.2

答案：D

374. 2015 年 9 月 28 日，国网新源白山发电厂二期电站火灾事故。事故造成白山二期电站变压器高压侧烧损，变压器低压侧电缆熔断，以及附近部分控制电缆烧损。事故主要原因为（   ）。

A. 电缆竖井转角处电缆因绝缘损伤，单相间歇性弧光接地引发火灾；B. 现场存有易燃物品；C. 电缆电流过大发热；D. 作业人员吸烟引起

答案：A

375. 国网新疆电力 750kV 凤凰变电站（   ）Ⅳ母线失压事件造成损失负荷 6.7 万 kW。

A. 110kV；B. 220kV；C. 750kV；D. 330kV

答案：B

376. 2017 年 6 月 7 日，国网福建安溪县供电公司湖上营业所农电工在（   ）时，发生一起触电人身事故，死亡 1 人。

A. 安装计量表计；B. 组立 0.4kV 电线杆；C. 安装 10kV 柱上开关；D. 开展低压台区综合配电箱计量检查

答案：D

377. （   ）确立了我国安全生产改革发展的指导思想，明确了加强和改进安全生产工作的任务和要求，是今后一个时期全国安全生产工作的行动纲领，是提升全国安全生产水平的思想指南。

A.《中华人民共和国电力法》；B.《中华人民共和国安全生产法》；C.《中共中央 国务院关于推进安全生产领域改革发展的意见》；D.《中华人民共和国劳动法》

答案：C

378. 国家电网公司贯彻落实《中共中央 国务院关于推进安全生产领域改革发展的意见》实施方案要求：以习近平新时代中国特色社会主义思想为指导，贯彻习近平总书记关于安全生产系列重要论述和讲话精神，牢固树立安全发展理念，弘扬生命至上、安全第一的思想，坚守（ ）这条不可逾越的红线和遏制重特大事故发生这条底线。

A. 发展决不能以牺牲环境为代价；B. 发展决不能以牺牲公平为代价；C. 发展决不能以牺牲安全为代价；D. 发展决不能以牺牲效益为代价

答案：C

379. 国家电网公司贯彻落实《中共中央 国务院关于推进安全生产领域改革发展的意见》实施方案要求：到（ ）年，本质安全建设取得明显成效，全面建成与国际接轨、符合公司实际、具有电网企业鲜明特色，安全职责清晰、制度完善、管理科学、保障有力的国家电网安全管理体系；实现电网结构合理、设备先进可靠、技术手段领先、管理科学高效、队伍素质坚强；实现"三杜绝"（杜绝大面积停电事故，杜绝人身死亡事故，杜绝重特大设备事故），公司安全管理达到国内领先水平。

A. 2020；B. 2025；C. 2030；D. 2035

答案：A

380. 国家电网公司贯彻落实《中共中央 国务院关于推进安全生产领域改革发展的意见》实施方案要求：到（ ）年，建成本质安全企业，形成科学完善的国家电网公司安全生产长效机制，实现安全生产治理体系和治理能力现代化，公司安全保障能力全面增强，全员安全素质显著提升，公司安全管理达到国际领先水平。

A. 2020；B. 2025；C. 2030；D. 2035

答案：C

381. 国家电网公司贯彻落实《中共中央 国务院关于推进安全生产领域改革发展的意见》实施方案要求：健全各级安全监督机构，2018 年所有生产性单位、县公司、集体企业从业人员超过（ ）人的全部设置独立的安全监督管理部门。

A. 五十；B. 一百；C. 一百五十；D. 二百

答案：B

382. 国家电网公司贯彻落实《中共中央 国务院关于推进安全生产领域改革发展的意见》实施方案要求：2019 年前在（ ）设立安全支撑部门，开展安全生产政策、安全管理体系、安全风险管控理论、应急救援体系等研究。

A. 省级经研院；B. 省级电科院；C. 省级信通公司；D. 省级检修公司

答案：B

383. 国家电网公司贯彻落实《中共中央 国务院关于推进安全生产领域改革发展的意见》实施方案要求：省级公司设立安全生产专项奖，额度原则上不低于工资总额的（　　），激励引导干部职工扎实做好安全工作。

A. 0.5%；B. 1%；C. 1.5%；D. 2%

答案：C

384. 国家电网公司贯彻落实《中共中央 国务院关于推进安全生产领域改革发展的意见》实施方案要求：2018 年健全各级安全投入保障制度，根据生产经营特点，明确各类型企业安全投入要求，进一步规范所需费用列支渠道和管理流程职责，省公司安全投入总额原则上不低于上年度实际销售收入的（　　）。从 2018 年起公司安全资金投入纳入年度预算管理。

A. 0.15%；B. 0.2%；C. 0.25%；D. 0.5%

答案：C

二、多选题

（共 280 题）

1. 2013 年 11 月 24 日，习近平考察黄岛经济开发区黄潍输油管线事故抢险工作。习近平强调，所有企业都必须认真履行安全生产主体责任，做到（　　），确保安全生产。

A. 安全投入到位；B. 安全培训到位；C. 隐患排查到位；D. 基础管理到位；E. 应急救援到位

答案：ABDE

2. 习近平在中共中央政治局常委会会议上发表重要讲话。习近平强调，重特大突发事件，不论是自然灾害还是责任事故，其中都不同程度存在（　　）、法规标准不健全、安全监管执法不严格、监管体制机制不完善、安全基础薄弱等问题。

A. 主体责任不落实；B. 安全红线意识不强；C. 安全培训不到位；D. 隐患排查治理不彻底；E. 应急救援能力不强

答案：ADE

3. 习近平在中共中央政治局常委会会议上发表重要讲话。习近平对加强安全生产工作提出要求。必须坚定不移保障安全发展，狠抓安全生产责任制落实。要强化"（　　）"，坚持以人为本、以民为本。

A. 党政同责；B. 一岗双责；C. 各负其责；D. 失职追责

答案：ABD

4. 2016 年 7 月 20 日，李克强对加强安全生产和汛期安全防范工作作出批示。各地区、各部门尤其是各级领导干部要深刻汲取教训，坚持生命安全至上、人民利益至上，坚持安全发展理念，坚持（　　），切实加强安全风险识别管控和隐患排查治理，切实加大安全基础保障能力建设力度，切实落实安全生产责任制、强化工作考核，依法严惩违法违规和失职渎职行为。

A. 依法治安；B. 源头防范；C. 系统治理；D. 严格考核

答案：ABC

5. 2016 年 10 月 31 日，习近平强调，各级安全监管监察部门要牢固树立发展决不能以牺牲安全为代价的红线意识，以防范和遏制重特大事故为重点，坚持标本兼治、综合治理、系统建设，统筹推进安全生产领域改革发展。各级党委和政府要认真贯彻落实党中央关于加快安全生产领域改革发展的工作部署，坚持（　　），严格落实安全生产责任制，完善安全监管体制，强化依法治理，不断提高全社会安全生产水平，更好维护广大人民群众生命财产安全。

A. 党政同责；B. 一岗双责；C. 齐抓共管；D. 失职追责

答案：ABCD

6. 习近平在青岛黄岛经济开发区考察输油管线泄漏引发爆燃事故抢险工作时指出，要把安全责任落实到岗位、落实到人头，坚持（　　），全面推进安全生产工作。

A. 管行业必须管安全；B. 管业务必须管安全；C. 加强督促检查；D. 严格考核奖惩

答案：ABCD

7. 中共中央政治局 2015 年 5 月 29 日下午就健全公共安全体系进行第二十三次集体学习。习近平强调，要切实抓好社会治安综合治理，坚持（　　）的总体思路，一手抓专项打击整治，一手抓源头性、基础性工作，创新社会治安防控体系，优化公共安全治理社会环境，着力解决影响社会安定的深层次问题。

A. 系统治理；B. 依法治理；C. 综合治理；D. 源头治理

答案：ABCD

8. 2013 年 6 月 6 日就做好安全生产工作再次作出重要指示。习近平强调，以对党和人民高度负责的精神，（　　），把安全生产责任制落到实处，切实防范重特大安全生产事故的发生。

A. 完善制度；B. 强化责任；C. 加强管理；D. 严格监管

答案：ABCD

9. 2016 年 1 月李克强指出，强化重点行业领域安全治理，加快健全（　　），依法严惩安全生产领域失职渎职行为，坚决遏制重特大事故频发势头，确保人民群众生命财产安全。

A. 隐患排查治理体系；B. 风险预防控制体系；C. 社会共治体系；D. 事故调查体系

答案：ABC

10. 中共中央政治局 2015 年 5 月 29 日下午就健全公共安全体系进行第二十三次集体学习。习近平强调，要切实抓好安全生产，坚持以人为本、生命至上，全面抓好安全生产责任制和（　　）措施的落实。

A. 管理；B. 防范；C. 监督；D. 检查；E. 奖惩

答案：ABCDE

11.《中共中央国务院关于推进安全生产领域改革发展的意见》规定，健全责任考核机制，各地区各单位要建立安全生产绩效与（　　）挂钩制度，严格落实安全生产"一票否决"制度。

A. 履职评定；B. 职务晋升；C. 奖励惩处；D. 带薪休假

答案：ABC

12.《中共中央国务院关于推进安全生产领域改革发展的意见》规定，建立企业全过程安全生产和职业健康管理制度，做到安全责任、管理、（　　）"五到位"。

A. 投入；B. 培训；C. 考核；D. 应急救援

答案：ABD

13.《中共中央国务院关于推进安全生产领域改革发展的意见》规定，企业实行全员安全生产责任制度，（　　）同为安全生产第一责任人。

A. 法定代表人；B. 实际控制人；C. 投资人；D. 主要技术负责人

答案：AB

14.《中共中央国务院关于推进安全生产领域改革发展的意见》规定，严格事故直报制度，对（　　）事故的单位和个人依法依规追责。

A. 瞒报；B. 谎报；C. 漏报；D. 迟报

答案：ABCD

15.《中共中央国务院关于推进安全生产领域改革发展的意见》规定，强化企业预防措施，大力推进企业安全生产标准化建设，实现（　　）的标准化。

A. 安全管理；B. 操作行为；C. 设备设施；D. 作业环境

答案：ABCD

16.《中共中央国务院关于推进安全生产领域改革发展的意见》规定，建立隐患治理监督机制，强化隐患排查治理监督执法，对重大隐患整改不到位的企业依法采取（　　）等强制措施。

A. 停产停业；B. 停止施工；C. 停止供电；D. 查封扣押

答案：ABCD

17.《中共中央国务院关于推进安全生产领域改革发展的意见》规定，完善安全投入长效机制，落实企业安全生产费用（　　）制度，建立企业增加安全投入的激励约束机制。

A. 提取；B. 管理；C. 使用；D. 分摊

答案：ABC

18.《中共中央国务院关于推进安全生产领域改革发展的意见》规定，建立安全科技支撑体系，开展（　　），加快成果转化和推广应用。

A. 事故预防理论研究；B. 事故处置理论研究；C. 关键技术装备研发；D. 高端技术装备研发

答案：AC

19.《中华人民共和国安全生产法》规定，安全生产工作应当以人为本，坚持安全发展，坚持安全第一、预防为主、综合治理的方针，强化和落实生产经营单位的主体责任，建立（　　）的机制。

A. 生产经营单位负责；B. 职工参与；C. 政府监管；D. 行业自律；E. 社会监督

答案：ABCDE

20.《中华人民共和国安全生产法》规定，生产经营单位必须遵守本法和其他有关安全生产的法律、法规，加强安全生产管理，建立、健全（　　），改善安全生产条件，推进安全生产标准化建设，提高安全生产水平，确保安全生产。

A. 岗位安全责任制；B. 安全生产责任制；C. 安全生产规章制度；D. 安全生产操作规程

答案：BC

21.《中华人民共和国安全生产法》规定，生产经营单位应当具备（　　）规定的安全生产条件。

A.《中华人民共和国安全生产法》；B. 有关法律；C. 有关行政法规；D. 国家标准或者行业标准

答案：ABCD

22.《中华人民共和国安全生产法》规定，属于生产经营单位主要负责人职责的有（　　）。

A. 建立、健全本单位安全生产责任制；B. 组织落实本单位安全生产规章制度和操作规程；C. 组织制定并实施本单位安全生产教育和培训计划；D. 组织本单位应急救援演练

答案：AC

23.《中华人民共和国安全生产法》规定，属于生产经营单位主要负责人职责的有（　　）。

A. 保证本单位安全生产投入的有效实施；B. 督促、检查本单位安全生产工作，及时消除生产安全事故隐患；C. 组织制定并实施本单位的生产安全事故应急救援预案；D. 及时、如实报告生产安全事故

答案：ABCD

24.《中华人民共和国安全生产法》规定，属于生产经营单位的安全生产管理机构以及安全生产管理人员职责的有（　　）。

A. 建立、健全本单位安全生产责任制；B. 组织或者参与拟订本单位安全生产规章制度、操作规程和生产安全事故应急救援预案；C. 组织或者参与本单位安全生产教育和培训，如实记录安全生产教育和培训情况；D. 制止和纠正违

章指挥、强令冒险作业、违反操作规程的行为

答案：BCD

25.《中华人民共和国安全生产法》规定，属于生产经营单位的安全生产管理机构以及安全生产管理人员职责的有（   ）。

A. 组织制定本单位安全生产规章制度和操作规程；B. 督促、检查本单位的安全生产工作，及时消除生产安全事故隐患；C. 组织或者参与本单位应急救援演练；D. 督促落实本单位安全生产整改措施

答案：CD

26.《中华人民共和国安全生产法》规定，属于生产经营单位的安全生产管理机构以及安全生产管理人员职责的有（   ）。

A. 组织制定本单位安全生产规章制度和操作规程；B. 督促落实本单位重大危险源的安全管理措施；C. 检查本单位的安全生产状况，及时排查生产安全事故隐患，提出改进安全生产管理的建议；D. 督促落实本单位安全生产整改措施

答案：BCD

27.《中华人民共和国安全生产法》规定，生产经营单位应当对从业人员进行安全生产教育和培训，保证从业人员（   ），未经安全生产教育和培训合格的从业人员，不得上岗作业。

A. 具备必要的安全生产知识；B. 熟悉有关的安全生产规章制度和安全操作规程；C. 掌握本岗位的安全操作技能；D. 了解事故应急处理措施；E. 知悉自身在安全生产方面的权利和义务

答案：ABCDE

28.《中华人民共和国安全生产法》规定，生产经营单位使用被派遣劳动者的，应当将被派遣劳动者纳入本单位从业人员统一管理，对被派遣劳动者进行（   ）的教育和培训。

A. 劳动纪律；B. 应急预案；C. 岗位安全操作规程；D. 安全操作技能

答案：CD

29.《中华人民共和国安全生产法》规定，生产经营单位（   ），必须了解、掌握其安全技术特性，采取有效的安全防护措施，并对从业人员进行专门的安全生产教育和培训。

A. 采用新工艺；B. 采用新技术；C. 采用新材料；D. 使用新设备

答案：ABCD

30.《中华人民共和国安全生产法》规定，生产经营单位新建、改建、扩建工程项目（以下统称建设项目）的安全设施，必须与主体工程（   ）。

A. 同时设计；B. 同时施工；C. 同时验收；D. 同时投入生产和使用

答案：ABD

31.《中华人民共和国安全生产法》规定，生产经营单位对重大危险源应当登记建档，进行定期（　　），并制定应急预案，告知从业人员和相关人员在紧急情况下应当采取的应急措施。

A. 检测；B. 评估；C. 监控；D. 上报

答案：ABC

32.《中华人民共和国安全生产法》规定，生产经营单位应向从业人员如实告知作业场所和工作岗位存在的（　　）。

A. 危险因素；B. 防范措施；C. 事故应急措施；D. 职业病危害

答案：ABC

33.《中华人民共和国安全生产法》规定，安全生产监督检查人员应当将检查的（　　），作出书面记录，并由检查人员和被检查单位的负责人签字。

A. 时间；B. 地点；C. 内容；D. 发现的问题及其处理情况

答案：ABCD

34.《中华人民共和国安全生产法》规定，事故调查处理应当按照科学严谨、依法依规、实事求是、注重实效的原则，（　　）。

A. 及时、准确地查清事故原因；B. 查明事故性质和责任；C. 总结事故教训，提出整改措施；D. 对事故责任者提出处理意见

答案：ABCD

35.《中华人民共和国安全生产法》规定，生产经营单位的决策机构、主要负责人或者个人经营的投资人不依照本法规定保证安全生产所必需的资金投入，致使生产经营单位不具备安全生产条件的，处罚内容有（　　）。

A. 责令限期改正，提供必需的资金；B. 逾期未改正的，责令生产经营单位停产停业整顿；C. 导致发生生产安全事故的，对生产经营单位的主要负责人给予撤职处分；D. 对个人经营的投资人处二万元以上十万元以下的罚款；E. 构成犯罪的，依照刑法有关规定追究刑事责任

答案：ABCE

36.《中华人民共和国安全生产法》规定，生产经营单位的主要负责人未履行本法规定的安全生产管理职责的，处罚内容有（　　）。

A. 责令限期改正；B. 逾期未改正的，处二万元以上五万元以下的罚款，责令生产经营单位停产停业整顿；C. 导致发生生产安全事故的，给予撤职处分；D. 构成犯罪的，依照刑法有关规定追究刑事责任

答案：ABCD

37.《中华人民共和国安全生产法》规定，生产经营单位的主要负责人未履行本法规定的安全生产管理职责，导致发生生产安全事故的，由安全生产监督管理部门处以罚款，正确的有（　　　）。

A. 发生一般事故的，处上一年年收入百分之三十的罚款；B. 发生较大事故的，处上一年年收入百分之四十的罚款；C. 发生重大事故的，处上一年年收入百分之六十的罚款；D. 发生特别重大事故的，处上一年年收入百分之八十的罚款

答案：ABCD

38.《中华人民共和国安全生产法》规定，生产经营单位的安全生产管理人员未履行本法规定的安全生产管理职责的，处罚内容有（　　　）。

A. 责令限期改正；B. 导致发生生产安全事故的，暂停或者撤销其与安全生产有关的资格；C. 处一万以上五万元以下的罚款；D. 构成犯罪的，依照刑法有关规定追究刑事责任

答案：ABD

39.《中华人民共和国安全生产法》规定，生产经营单位有（　　　）行为之一的，责令限期改正，可以处五万元以下的罚款；逾期未改正的，责令停产停业整顿，并处五万元以上十万元以下的罚款，对其直接负责的主管人员和其他直接责任人员处一万元以上二万元以下的罚款。

A. 未按照规定设置安全生产管理机构或者配备安全生产管理人员的；B. 未如实记录安全生产教育和培训情况的；C. 未将事故隐患排查治理情况如实记录或者未向从业人员通报的；D. 特种作业人员未按照规定经专门的安全作业培训并取得相应资格，上岗作业的

答案：ABCD

40.《中华人民共和国安全生产法》规定，生产经营单位有（　　　）行为之一的，责令限期改正，可以处五万元以下的罚款；逾期未改正的，责令停产停业整顿，并处五万元以上十万元以下的罚款，对其直接负责的主管人员和其他直接责任人员处一万元以上二万元以下的罚款。

A. 未按照规定对从业人员、被派遣劳动者、实习学生进行安全生产教育和培训，或者未按照规定如实告知有关的安全生产事项的；B. 未将事故隐患排查治理情况如实记录或者未向从业人员通报的；C. 未按照规定制定生产安全事故应急救援预案或者未定期组织演练的；D. 特种作业人员未按照规定经专门的安全作业培训并取得相应资格，上岗作业的

答案：ABCD

41.《中华人民共和国安全生产法》规定，生产经营单位有（　　）行为之一的，责令限期改正，可以处十万元以下的罚款；逾期未改正的，责令停产停业整顿，并处十万元以上二十万元以下的罚款，对其直接负责的主管人员和其他直接责任人员处二万元以上五万元以下的罚款；构成犯罪的，依照刑法有关规定追究刑事责任。

A. 生产、经营、运输、储存、使用危险物品或者处置废弃危险物品，未建立专门安全管理制度、未采取可靠的安全措施的；B. 对重大危险源未登记建档，或者未进行评估、监控，或者未制定应急预案的；C. 进行爆破、吊装以及国务院安全生产监督管理部门会同国务院有关部门规定的其他危险作业，未安排专门人员进行现场安全管理的；D. 未建立事故隐患排查治理制度的

答案：ABCD

42.《中华人民共和国安全生产法》规定，违反本法规定，生产经营单位拒绝、阻碍负有安全生产监督管理职责的部门依法实施监督检查的，处罚内容有（　　）。

A. 责令改正；B. 拒不改正的，处二万元以上二十万元以下的罚款；C. 对其直接负责的主管人员和其他直接责任人员处一万元以上二万元以下的罚款；D. 构成犯罪的，依照刑法有关规定追究刑事责任

答案：ABCD

43.《中华人民共和国安全生产法》规定，违反本法规定，生产经营单位的主要负责人在本单位发生生产安全事故时，不立即组织抢救或者在事故调查处理期间擅离职守或者逃匿的，处罚内容有（　　）。

A. 给予降级、撤职的处分；B. 由安全生产监督管理部门处上一年年收入百分之六十至百分之一百的罚款；C. 对逃匿的处十五日以下拘留；D. 构成犯罪的，依照刑法有关规定追究刑事责任

答案：ABCD

44.《中华人民共和国消防法》规定，消防工作贯彻预防为主、防消结合的方针，按照（　　）的原则，实行消防安全责任制，建立健全社会化的消防工作网络。

A. 政府统一领导；B. 部门依法监管；C. 单位全面负责；D. 公民积极参与

答案：ABCD

45.《中华人民共和国消防法》规定，任何单位和个人都有（　　）的义务。

A. 维护消防安全；B. 保护消防设施；C. 预防火灾；D. 报告火警；E. 参加有组织的灭火工作

答案：ABCD

46.《中华人民共和国消防法》规定，教育、人力资源行政主管部门和学校、有关职业培训机构应当将消防知识纳入（　　）的内容。

A. 教育；B. 宣传；C. 教学；D. 培训

答案：ACD

47.《中华人民共和国消防法》规定，建设工程的消防设计、施工必须符合国家工程建设消防技术标准。（　　）等单位依法对建设工程的消防设计、施工质量负责。

A. 建设；B. 设计；C. 施工；D. 工程监理

答案：ABCD

48.《中华人民共和国消防法》规定，机关、团体、企业、事业等单位应落实消防安全责任制，制定本单位的（　　）。

A. 消防安全制度；B. 消防安全操作规程；C. 灭火和应急疏散预案；D. 应急抢险预案

答案：ABC

49.《中华人民共和国消防法》规定，消防安全重点单位应当履行下列消防安全职责，（　　）。

A. 确定消防安全管理人，组织实施本单位的消防安全管理工作；B. 建立消防档案，确定消防安全重点部位，设置防火标志，实行严格管理；C. 实行每周防火巡查，并建立巡查记录；D. 对职工进行岗前消防安全培训，定期组织消防安全培训和消防演练

答案：ABD

50.《中华人民共和国消防法》规定，禁止（　　）不合格的消防产品以及国家明令淘汰的消防产品。

A. 储存；B. 生产；C. 销售；D. 使用

答案：BCD

51.《中华人民共和国消防法》规定，下列单位中（　　）应当建立单位专职消防队，承担本单位的火灾扑救工作。

A. 大型核设施单位、大型发电厂、民用机场、主要港口；B. 生产、储存易燃易爆危险品的大型企业；C. 储备可燃的重要物资的大型仓库、基地；D. 火灾危险性较大的其他大型企业；E. 距离公安消防队较远、被列为全国重点文物保护单位的古建筑群的管理单位

答案：ABCE

52.《中华人民共和国消防法》规定，火灾现场总指挥根据扑救火灾的需要，有权决定调动供水、供电、供气、（　　）等有关单位协助灭火救援。

A. 交通运输；B. 环境保护；C. 医疗救护；D. 通信

答案：ABCD

53.《中华人民共和国消防法》规定，消防车、消防艇前往执行火灾扑救或者应急救援任务，在确保安全的前提下，不受（　　）的限制，其他车辆、船舶以及行人应当让行，不得穿插超越。

A. 行驶速度；B. 行驶路线；C. 行驶方向；D. 指挥信号

答案：ABCD

54.《中华人民共和国消防法》规定，有下列行为（　　）的，责令改正或者停止施工，并处一万元以上十万元以下罚款。

A. 建设单位要求建筑设计单位或者建筑施工企业降低消防技术标准设计、施工的；B. 建筑设计单位不按照消防技术标准强制性要求进行消防设计的；C. 建筑施工企业不按照消防设计文件和消防技术标准施工，降低消防施工质量的；D. 工程监理单位与建设单位或者建筑施工企业串通，弄虚作假，降低消防施工质量的。

答案：ABCD

55.《中华人民共和国消防法》规定，有下列行为（　　）的，责令改正或者停止施工，处五千元以上五万元以下罚款。

A. 消防设施、器材或者消防安全标志的配置、设置不符合国家标准、行业标准，或者未保持完好有效的；B. 损坏、挪用或者擅自拆除、停用消防设施、器材的；C. 占用、堵塞、封闭疏散通道、安全出口或者有其他妨碍安全疏散行为的；D. 对火灾隐患经公安机关消防机构通知后不及时采取措施消除的

答案：ABCD

56.《中华人民共和国消防法》规定，消防设施是指（　　）以及应急广播和应急照明、安全疏散设施等。

A. 火灾自动报警系统；B. 自动灭火系统；C. 消火栓系统；D. 防烟排烟系统

答案：ABCD

57.《中华人民共和国道路交通安全法》规定，驾驶机动车上道路行驶，应当（　　）。

A. 悬挂机动车号牌；B. 放置检验合格标志；C. 放置保险标志；D. 随车携带机动车行驶证

答案：ABCD

58.《中华人民共和国道路交通安全法》规定，对提供（　　）的，机动车安全技术检验机构应当予以检验，任何单位不得附加其他条件。

A. 机动车行驶证；B. 机动车驾驶证；C. 机动车第三者责任强制保险单；D. 机动车违章处理记录

答案：AC

59.《中华人民共和国道路交通安全法》规定，伪造、变造或者使用伪造、变造的机动车登记证书、号牌、行驶证、驾驶证的，（　　）。

A. 由公安机关交通管理部门予以收缴，扣留该机动车；B. 处十五日以下拘留；C. 处五千元以上一万元以下罚款；D. 构成犯罪的，依法追究刑事责任

答案：ABD

60.《中华人民共和国道路交通安全法》规定，任何人不得（　　）驾驶人违反道路交通安全法律、法规和机动车安全驾驶要求驾驶机动车。

A. 暗示；B. 强迫；C. 指使；D. 纵容

答案：BCD

61.《中华人民共和国道路交通安全法》规定，公安机关交通管理部门对累积记分达到规定分值的机动车驾驶人，（　　）。

A. 扣留机动车驾驶证；B. 对驾驶人进行经济处罚；C. 对驾驶人进行道路交通安全法律、法规教育，重新道路驾驶技能及文明驾驶相关知识考试，考试合格的，发还其机动车驾驶证；D. 对驾驶人进行道路交通安全法律、法规教育，重新考试，考试合格的，发还其机动车驾驶证

答案：AD

62.《中华人民共和国道路交通安全法》规定，全国实行统一的道路交通信号。交通信号包括（　　）。

A. 交通信号灯；B. 交通标志；C. 交通标线；D. 交通警察的指挥

答案：ABCD

63.《中华人民共和国道路交通安全法》规定，在道路上发生交通事故，车辆驾驶人应当立即停车，保护现场；造成人身伤亡的，车辆驾驶人应当立即抢救受伤人员，并迅速报告执勤的交通警察或者公安机关交通管理部门。（　　）应当予以协助。

A. 过往车辆乘车人；B. 乘车人；C. 过往车辆驾驶人；D. 过往行人

答案：BCD

64.《中华人民共和国道路交通安全法》规定，醉酒驾驶机动车的，由公安

机关交通管理部门（   ）。

A. 约束至酒醒；B. 吊销机动车驾驶证；C. 依法追究刑事责任；D. 终生不得重新取得机动车驾驶证

答案：ABC

65.《中华人民共和国道路交通安全法》规定，饮酒后或者醉酒驾驶机动车发生重大交通事故，构成犯罪的，（   ）。

A. 依法追究刑事责任；B. 由公安机关交通管理部门吊销机动车驾驶证；C. 十年内不得重新取得机动车驾驶证；D. 终生不得重新取得机动车驾驶证

答案：ABD

66.《中华人民共和国道路交通安全法》规定，因饮酒后驾驶机动车被处罚，再次饮酒后驾驶机动车的，（   ）。

A. 处十日以下拘留；B. 处一千元以上二千元以下罚款；C. 处两千元以上五千元以下罚款；D. 吊销机动车驾驶证。

答案：ABD

67.《中华人民共和国道路交通安全法》规定，未经批准，擅自挖掘道路、占用道路施工或者从事其他影响道路交通安全活动的，（   ）。

A. 由道路主管部门责令停止违法行为；B. 恢复原状；C. 可以依法给予罚款；D. 致使通行的人员、车辆及其他财产遭受损失的，依法承担赔偿责任

答案：ABCD

68. 根据《中华人民共和国网络安全法》，网络运营者应当履行的安全保护义务包括（   ）。

A. 制定内部安全管理制度和操作规程，确定网络安全负责人，落实网络安全保护责任；B. 采取防范计算机病毒和网络攻击、网络侵入等危害网络安全行为的技术措施；C. 采取监测、记录网络运行状态、网络安全事件的技术措施，并按照规定留存相关的网络日志不少于六个月；D. 采取数据分类、重要数据备份和加密等措施

答案：ABCD

69. 根据《中华人民共和国网络安全法》，网络运营者应当制定网络安全事件应急预案，及时处置（   ）等安全风险。

A. 系统漏洞；B. 计算机病毒；C. 网络攻击；D. 网络侵入

答案：ABCD

70. 根据《中华人民共和国网络安全法》，下列关于网络运营者收集个人信息说法正确的有（   ）。

A. 网络运营者应当对其收集的用户信息严格保密，并建立健全用户信息保护制度；B. 网络运营者收集、使用个人信息，应当遵循合法、正当、必要的原则，公开收集、使用规则，明示收集、使用信息的目的、方式和范围，可以不经被收集者同意；C. 网络运营者不得泄露、篡改、毁损其收集的个人信息；D. 未经被收集者同意，网络运营者不得向他人提供个人信息，经过处理无法识别特定个人且不能复原的除外

答案：ACD

71. 根据《中华人民共和国网络安全法》，网络运营者收集、使用个人信息，应当遵循（　　）的原则，公开收集、使用规则，明示收集、使用信息的目的、方式和范围，并经被收集者同意。

A. 真实；B. 合法；C. 正当；D. 必要

答案：BCD

72. 根据《中华人民共和国网络安全法》，网络运营者不得（　　）其收集的个人信息，未经被收集者同意，不得向他人提供个人信息。但是，经过处理无法识别特定个人且不能复原的除外。

A. 毁损；B. 篡改；C. 泄露；D. 使用

答案：ABC

73. 根据《中华人民共和国网络安全法》，网络运营者应当加强对其用户发布的信息的管理，发现法律、行政法规禁止发布或者传输的信息的，应当立即（　　）。

A. 停止传输该信息；B. 采取消除等处置措施；C. 防止信息扩散；D. 保存有关记录；E. 向有关主管部门报告

答案：ABCDE

74. 根据《中华人民共和国网络安全法》，网络安全事件应急预案应当按照事件发生后的（　　）等因素对网络安全事件进行分级。

A. 危害程度；B. 影响范围；C. 事件等级；D. 关注程度

答案：AB

75. 根据《中华人民共和国网络安全法》，网络安全，是指通过采取必要措施，防范对网络的攻击、侵入、干扰、破坏和非法使用以及意外事故，使网络处于稳定可靠运行的状态，以及保障网络数据的（　　）的能力。

A. 完整性；B. 保密性；C. 可用性；D. 快速性

答案：ABC

76. 根据《中华人民共和国网络安全法》，网络运营者指（　　）。

A. 网络使用者；B. 网络所有者；C. 网络服务提供者；D. 网络管理者

答案：BCD

77. 以下（　　）的报告和调查处理适用《生产安全事故报告和调查处理条例》。

A. 环境污染事故；B. 核设施事故；C. 生产经营活动中发生的造成人身伤亡的生产安全事故；D. 生产经营活动中发生的造成直接经济损失的生产安全事故

答案：CD

78. 根据《生产安全事故报告和调查处理条例》，下列关于事故定级的说法中正确的包括（　　）。

A. 造成 30 人以上死亡的事故属于特别重大事故；B. 造成 1 亿元以上直接经济损失的事故属于重大事故；C. 造成 3 人以上 10 人以下死亡的事故属于较大事故；D. 造成 1000 万元以下直接经济损失的事故属于一般事故

答案：AC

79. 根据《生产安全事故报告和调查处理条例》，事故发生单位主要负责人发生下列行为（　　），处上一年年收入 40% 至 80% 的罚款。

A. 不立即组织事故抢救；B. 迟报或者漏报事故；C. 拒绝接受调查或者拒绝提供有关情况和资料；D. 在事故调查处理期间擅离职守

答案：ABD

80. 根据《生产安全事故报告和调查处理条例》，对出现谎报或者瞒报事故、伪造或者故意破坏事故现场的事故单位或主要责任人，应承担以下责任（　　）。

A. 对事故发生单位处 100 万元以上 500 万元以下的罚款；B. 对主要负责人、直接负责的主管人员和其他直接责任人员处上一年年收入 60% 至 100% 的罚款；C. 构成违反治安管理行为的，由公安机关依法给予治安管理处罚；D. 构成犯罪的，依法追究刑事责任

答案：ABCD

81. 根据《电力安全事故应急处置和调查处理条例》，下列属于电力安全事故的包括（　　）。

A. 区域性电网减供负荷 10% 以上 30% 以下；B. 直辖市 10% 以上 15% 以下供电用户停电；C. 热电厂发生的影响热力正常供应的事故；D. 发电机组因安全故障停止运行超过行业标准规定的大修时间两周，并导致电网减供负荷

答案：ABCD

82. 根据《电力安全事故应急处置和调查处理条例》，下列关于事故报告的

说法正确的有（　　　）。

A. 事故发生后，事故现场有关人员应当立即向发电厂、变电站运行值班人员、电力调度机构值班人员或者本企业现场负责人报告；B. 有关人员接到报告后，应当立即向上一级电力调度机构和本企业负责人报告；C. 本企业负责人接到报告后，应当立即向国务院电力监管机构设在当地的派出机构、县级以上人民政府安全生产监督管理部门报告；D. 电力企业及其有关人员不得迟报、漏报或者瞒报、谎报事故情况

答案：ABCD

83. 根据《电力安全事故应急处置和调查处理条例》，事故报告内容包括（　　　）。

A. 事故发生的时间、地点（区域）以及事故发生单位；B. 已知的电力设备、设施损坏情况，停运的发电（供热）机组数量、电网减供负荷或者发电厂减少出力的数值、停电（停热）范围；C. 事故原因的初步判断；D. 事故发生后采取的措施、电网运行方式、发电机组运行状况以及事故控制情况

答案：ABCD

84. 根据《电力安全事故应急处置和调查处理条例》，事故发生后，有关单位和人员应当妥善保护事故现场以及（　　　）等相关资料，并在事故调查组成立后将相关材料、资料移交事故调查组。

A. 工作日志；B. 工作票、操作票；C. 故障录波图；D. 电力调度数据、发电机组运行数据和输变电设备运行数据

答案：ABCD

85. 根据《电力安全事故应急处置和调查处理条例》，恢复电网运行和电力供应，应当优先保证以下（　　　）电力设施的恢复，优先恢复重要电力用户、重要城市、重点地区的电力供应。

A. 重要电厂厂用电源；B. 重要输变电设备；C. 电力主干网架；D. 配电网

答案：ABC

86. 根据《电力建设工程施工安全监督管理办法》，建设单位应当按照国家有关规定实施电力建设工程招投标管理，具体包括（　　　）。

A. 应当将电力建设工程发包给具有相应资质等级的单位，允许中标单位将中标项目的主体和关键性工作分包给他人完成；B. 应当在电力建设工程招标文件中对投标单位的资质、安全生产条件、安全生产费用使用、安全生产保障措施等提出明确要求；C. 应当审查投标单位主要负责人、项目负责人、专职

安全生产管理人员是否满足国家规定的资格要求；D. 应当与勘察设计、施工、监理等中标单位签订安全生产协议

答案：BCD

87. 根据《电力建设工程施工安全监督管理办法》，建设单位应在电力建设工程开工报告批准之日 15 日内，将保证安全施工的措施，包括电力建设工程基本情况、参建单位基本情况、（　　）等内容向建设工程所在地国家能源局派出机构备案。

A. 安全组织及管理措施；B. 施工组织方案；C. 施工技术方案；D. 安全投入计划；E. 应急预案

答案：ABDE

88. 根据《电力建设工程安全监督管理办法》，施工单位应当定期组织施工现场安全检查和隐患排查治理，严格落实施工现场安全措施，杜绝（　　）行为发生。

A. 违章指挥；B. 调整施工进度；C. 违章作业；D. 违反劳动纪律

答案：ACD

89. 根据《电力建设工程安全监督管理办法》，施工单位应当按照相关规定组织开展安全生产教育培训工作。（　　）需经培训合格后持证上岗，新入场人员应当按规定经过三级安全教育。

A. 企业主要负责人；B. 项目负责人；C. 专职安全生产管理人员；D. 特种作业人员

答案：ABCD

90. 根据《电力建设工程安全监督管理办法》，施工单位应当根据电力建设工程施工特点、范围，（　　）。实行施工总承包的，由施工总承包单位组织分包单位开展应急管理工作。

A. 制定应急救援预案；B. 制定现场处置方案；C. 对施工现场易发生事故的部位、环节进行监控；D. 组建应急救援队伍

答案：ABC

91.《国家电网公司关于强化本质安全的决定》明确总体思路和目标要求，杜绝大面积停电事故，杜绝重大设备损坏事故，杜绝群伤群亡事故。追求（　　）。

A. 人员零违章；B. 设备零缺陷；C. 电网零故障；D. 安全零事故

答案：ABCD

92.《国家电网公司关于强化本质安全的决定》规定，应严格执行《安全职

责规范》，坚持（　　　）。

A. 党政同责；B. 一岗双责；C. 失职追责；D. 一票否决

答案：ABC

93.《国家电网公司关于强化本质安全的决定》规定，严格安全责任和制度执行，强化专业协同和督导落实，及时通报（　　　），狠抓问题整改，遏制事故苗头。

A. 违章；B. 隐患；C. 故障；D. 事故

答案：ABCD

94.《国家电网公司关于强化本质安全的决定》规定，夯实电网设备安全基础，严格设备（　　　）、安装、运行、维护全过程质量控制和监督，共享设备质量信息。

A. 设计；B. 选型；C. 招标；D. 监造

答案：BCD

95.《国家电网公司关于强化本质安全的决定》规定，强化专业管理和技术保障，依靠科技手段提高安全水平，提高电网安全的科技含量。健全（　　　）等安全技术标准。

A. 特高压；B. 智能变电站；C. 新能源涉网；D. 大电网运行

答案：ABC

96.《国家电网公司关于强化本质安全的决定》规定，深入开展隐患排查治理，严格执行《安全隐患排查治理管理办法》，实施隐患"发现、评估、报告、治理、验收、销号"闭环管理，保证隐患治理责任、（　　　）落实。

A. 措施；B. 资金；C. 期限；D. 预案

答案：ABCD

97.《国家电网公司关于强化本质安全的决定》规定，严格执行基建安全管理规定、电网建设《安规》和《输变电工程施工安全风险预警管控工作规范》，落实（　　　）安全责任，强化施工方案编制、审批和执行。

A. 业主；B. 施工；C. 分包；D. 监理

答案：ABD

98.《国家电网公司关于强化本质安全的决定》规定，坚持管理与技术并重，做到网络与信息安全（　　　）。

A. 同步规划；B. 同步建设；C. 同步验收；D. 同步运行

答案：ABD

99.《国家电网公司关于强化本质安全的决定》规定，贯彻《大面积停电事件应急预案》，完善公司（　　）构成的预案体系，确保实际、实用、实效。抓好各级各类预案的编制、修订、评审、备案。

A. 总体预案；B. 专项预案；C. 应急处置卡；D. 现场处置方案

答案：ABD

100.《国家电网公司关于强化本质安全的决定》规定，强化安全监督考核，坚持目标管理，严格过程评价，建立隐患排查治理、风险预警管控过程评价考核指数，优化同业对标、绩效考核指标设置。发挥（　　）作用，集中整治薄弱环节和突出问题。

A. 安全大检查；B. 安全巡视；C. 安全性评价；D. 专项监督

答案：ACD

101. 制定《国家电网公司安全工作规定》的目的是（　　）。

A. 为了贯彻"安全第一、预防为主、综合治理"的方针；B. 加强安全监督管理，防范安全事故；C. 保证员工人身安全；D. 保证电网安全稳定运行和可靠供电；E. 保证国家和投资者资产免遭损失

答案：ABCDE

102. 根据《国家电网公司安全工作规定》，公司各级单位实行以各级行政正职为安全第一责任人的安全责任制，建立健全（　　），并充分发挥作用。

A. 安全保证体系；B. 应急管理体系；C. 安全监督体系；D. 事故调查体系

答案：AC

103. 根据《国家电网公司安全工作规定》，公司各级单位应建立和完善（　　），构建事前预防、事中控制、事后查处的工作机制，形成科学有效并持续改进的工作体系。

A. 安全风险管理体系；B. 应急管理体系；C. 事故调查体系；D. 安全责任体系

答案：ABC

104. 根据《国家电网公司安全工作规定》，公司各级单位应贯彻国家法律、法规和行业有关制度标准及其他规范性文件，补充完善安全管理规章制度和现场规程，使安全工作（　　）。

A. 法制化；B. 制度化；C. 规范化；D. 标准化

答案：BCD

105. 根据《国家电网公司安全工作规定》，公司各级单位应贯彻（　　）的原则，做到计划、布置、检查、总结、考核业务工作的同时，计划、布置、

检查、总结、考核安全工作。

A. "谁主管、谁负责"；B. "党政同责、齐抓共管"；C. "安全第一、预防为主、综合治理"；D. "管业务必须管安全"

答案：AD

106. 根据《国家电网公司安全工作规定》，下列安全目标中，属于省（直辖市、自治区）电力公司和公司直属单位的安全目标是（   ）。

A. 不发生人身死亡事故；B. 不发生五级及以上电网、设备事件；C. 不发生五级信息系统事件；D. 不发生本单位负同等及以上责任的特大交通事故

答案：ACD

107. 根据《国家电网公司安全工作规定》，下列属于公司各级单位行政正职安全工作的基本职责包括（   ）。

A. 建立、健全本单位安全责任制；B. 组织实施本单位安全事故应急预案；C. 及时、如实报告安全事故；D. 保证安全所需资金的投入

答案：ACD

108. 根据《国家电网公司安全工作规定》，以下表述正确的是（   ）。

A. 公司各级单位实行下级对上级的安全逐级负责制；B. 安全保证体系对业务范围内的安全工作负责，安全监督体系负责安全工作的综合协调和监督管理；C. 公司各级单位实行上级单位对下级单位的安全责任追究制度；D. 在公司各级单位内部考核上，上级单位为下级单位承担连带责任

答案：ABCD

109. 根据《国家电网公司安全工作规定》，下列单位中应设立安全监督管理机构的包括（   ）。

A. 省公司级单位所属检修公司；B. 省公司级单位所属的电力科学研究院；C. 县供电企业；D. 地市供电企业

答案：ACD

110. 根据《国家电网公司安全工作规定》，下列属于安全监督管理机构的职责包括（   ）。

A. 组织制定本单位安全监督管理和应急管理方面的规章制度；B. 监督本单位各级人员安全责任制的落实；C. 组织安全事故调查；D. 编制安全应急规划并组织实施

答案：ABD

111. 根据《国家电网公司安全工作规定》，反事故措施计划应根据（   ）进行编制。反事故措施计划应纳入检修、技改计划。

A. 上级颁发的反事故技术措施；B. 需要治理的事故隐患；C. 需要消除的重大缺陷；D. 提高设备可靠性的技术改进措施；E. 本单位事故防范对策

答案：ABCDE

112. 根据《国家电网公司安全工作规定》，安全技术劳动保护措施计划、安全技术措施计划应根据国家、行业、公司颁发的标准，从（　　）等方面进行编制。

A. 改善作业环境和劳动条件；B. 防止伤亡事故；C. 预防职业病；D. 加强安全监督管理

答案：ABCD

113. 根据《国家电网公司安全工作规定》，（　　）应作为制定反事故措施计划和安全技术劳动保护措施计划的重要依据。

A. 应急演练评估；B. 事故隐患排查结果；C. 防汛、抗震、防台风、防雨雪冰冻灾害等应急预案所需项目；D. 安全性评价结果

答案：BD

114. 根据《国家电网公司安全工作规定》，生产人员调换岗位或者其岗位需面临（　　）时，应当对其进行专门的安全教育和培训，经考试合格后，方可上岗。

A. 新工艺；B. 新技术；C. 新设备；D. 新材料；E. 新机具

答案：ABCD

115. 根据《国家电网公司安全工作规定》，公司所属各级单位应加大应急培训和科普宣教力度，针对所属（　　）人员定期开展不同层面的应急理论和技能培训，结合实际经常向全体员工宣传应急知识。

A. 应急指挥队伍；B. 应急救援基干分队；C. 应急抢修队伍；D. 应急专家队伍

答案：BCD

116. 根据《国家电网公司安全工作规定》，以下关于安全例会工作说法正确的是（　　）。

A. 公司各级单位应在每年初召开一次年度安全工作会；B. 省公司级单位、地市公司级单位、县公司级单位应建立安全生产月、周、日例会制度，对安全生产实行"月计划、周安排、日管控"；C. 省公司级单位应每年召开一次安全监督例会；D. 地市公司级单位、县公司级单位应每月召开一次安全网例会

答案：ABD

117. 根据《国家电网公司安全工作规定》，下列关于安全活动的说法正确

的包括（   ）。

A. 班组每周或每个轮值进行一次安全日活动；B. 班组上级主管领导每季度至少参加一次班组安全日活动并检查活动情况；C. 根据全国安全生产月活动要求，结合本单位安全工作实际情况，每年开展为期一个月的主题安全月活动；D. 班组安全日活动内容应联系实际，有针对性，并做好记录

答案：ACD

118. 根据《国家电网公司安全工作规定》，公司各级单位应建立健全保障安全的各项规程制度，主要包括（   ），并按规定审批后执行。

A. 根据上级颁发的制度标准及其他规范性文件和设备厂商的说明书，编制企业各类设备的现场运行规程和补充制度；B. 在公司通用制度范围以外，根据上级颁发的检修规程、技术原则，制定本单位的检修管理补充规程，根据典型技术规程和设备制造说明，编制主、辅设备的检修工艺规程和质量标准；C. 根据上级颁发的员工管理规定，编制员工考核实施细则；D. 根据国务院颁发的《电网调度管理条例》和国家颁发的有关规定以及上级的调控规程或细则，编制本系统的调控规程或细则；E. 根据上级颁发的施工管理规定，编制工程项目的施工组织设计和安全施工措施

答案：ABDE

119. 根据《国家电网公司安全工作奖惩规定》，按照职责管理范围，从规划设计、（   ）、施工验收和培训教育等各个环节，对发生安全事故（事件）的单位及责任人进行责任追究和处罚。

A. 采购招标；B. 质量监督；C. 生产运行；D. 环评验收

答案：AC

120. 根据《国家电网公司安全工作奖惩规定》，公司所属各级单位发生一级人身、电网、设备事件，下列有关处罚规定正确的有（   ）。

A. 对负主要及同等责任的事故责任单位（基层单位）主要领导、有关分管领导给予降级至撤职处分；B. 对负主要及同等责任的主要责任者、同等责任者给予解除劳动合同处分；C. 对负次要责任的省级公司有关分管领导给予记过至撤职处分；D. 对负次要责任的省级公司有关责任部门负责人给予记大过至撤职处分

答案：ABC

121. 根据《国家电网公司安全工作奖惩规定》，公司所属各级单位发生二级人身、电网、设备事件，下列有关处罚规定的表述正确的有（   ）。

A. 对负主要及同等责任的事故责任单位（基层单位）主要领导、有关分管

领导给予记大过至撤职处分；B. 对负次要责任的省级公司有关责任部门负责人给予警告至记大过处分；C. 对负次要责任的事故责任单位（基层单位）主要领导和有关分管领导给予记过至记大过处分；D. 对负主要及同等责任的主要责任者所在单位二级机构负责人给予撤职至留用察看一年处分

答案：ABD

122. 根据《国家电网公司安全工作奖惩规定》，公司所属各级单位发生三级人身、电网、设备事件，下列有关处罚规定的表述正确的有（　　　　）。

A. 对负主要及同等责任的事故责任单位（基层单位）主要领导、有关分管领导给予记过至撤职处分；B. 对负主要及同等责任的省级公司有关责任部门负责人给予记过至降级处分；C. 对负次要责任的事故责任单位（基层单位）有关分管领导给予警告处分；D. 对负次要责任的省级公司有关责任部门负责人给予通报批评

答案：ABCD

123. 根据《国家电网公司安全工作奖惩规定》，公司所属各级单位发生五级事件（人身、电网、设备、信息系统），按以下规定处罚（　　　　）。

A. 对主要责任者给予通报批评或警告至记过处分；B. 对同等责任者给予通报批评或警告至记过处分；C. 对次要责任者给予通报批评或警告处分；D. 对主要责任者所在单位二级机构负责人给予通报批评

答案：BCD

124. 根据《国家电网公司安全工作奖惩规定》，公司所属各级单位发生六级事件（人身、电网、设备、信息系统），按以下规定处罚（　　　　）。

A. 对主要责任者给予通报批评或警告至记过处分；B. 对同等责任者给予通报批评或警告处分；C. 对次要责任者给予通报批评；D. 对事故责任单位（基层单位）有关领导给予 3000～10 000 元的经济处罚

答案：ABC

125. 根据《国家电网公司安全工作奖惩规定》，公司所属各级单位发生七级事件（人身、电网、设备、信息系统），按以下规定处罚（　　　　）。

A. 对主要责任者给予通报批评或警告处分；B. 对次要责任者给予 500～1000 元的经济处罚；C. 对事故责任者所在单位二级机构负责人给予 1000～2000 元的经济处罚；D. 对同等责任者给予通报批评

答案：ACD

126. 根据《国家电网公司安全工作奖惩规定》，公司所属各级单位发生四级人身事件的处罚规定有（　　　　）。

A. 对事故责任单位（基层单位）主要领导、有关分管领导给予通报批评或警告至记过处分；B. 对主要责任者所在单位二级机构负责人给予警告至降级处分；C. 对主要责任者给予记过至解除劳动合同处分；D. 对次要责任者给予警告至记过处分

答案：ABC

127. 根据《国家电网公司安全工作奖惩规定》，发生下列（   ）情况，对有关单位和人员按照本规定相关条款至少提高一个事故等级的处罚标准进行处罚。

A. 谎报或瞒报事故的；B. 销毁有关证据、资料的；C. 在事故调查中作伪证或指使他人作伪证的；D. 事故发生后逃匿的

答案：ABCD

128. 根据《国家电网公司安全工作奖惩规定》，发生安全事故政府有关部门按照（   ）等法规制度，对事故相关责任人员进行了经济处罚的，公司不再对其进行经济处罚。

A.《中华人民共和国安全生产法》；B.《生产安全事故报告和调查处理条例》（国务院令第 493 号）；C.《电力安全事故应急处置和调查处理条例》（国务院令第 599 号）；D.《电力监管条例》

答案：ABC

129.《国家电网公司安全工作奖惩规定》考核事故不包括因雨雪冰冻、（   ）等自然灾害超过设计标准承受能力和因不可抗力发生的事故。

A. 暴风雪；B. 洪水；C. 地震；D. 泥石流

答案：ABCD

130.《国家电网公司安全工作奖惩规定》和依据本规定作出的处理结果不作为判定（   ）的依据。

A. 行政责任；B. 刑事责任；C. 民事责任；D. 安全责任

答案：ABC

131. 根据《国家电网公司安全工作奖惩规定》，下列目标，（   ）属于基层单位安全目标。

A. 不发生重伤及以上人身事故；B. 不发生五级及以上电网、设备事件；C. 不发生六级及以上信息系统事件；D. 不发生其他对公司和社会造成重大影响的事故（事件）

答案：ABCD

132. 根据《国家电网公司安全工作奖惩规定》，下列目标，（   ）属于省

级公司安全目标。

A. 不发生人身死亡事故；B. 不发生一般及以上电网、设备事故；C. 不发生本单位负同等及以上责任的特大交通事故；D. 满足百日安全个数或安全天数

答案：ABC

133. 根据《国家电网公司安全工作奖惩规定》，省公司的安全目标包括以下（　　）。

A. 不发生人身死亡事故；B. 不发生一般及以上电网、设备事故；C. 不发生特大火灾事故；D. 不发生五级信息系统事件

答案：ABD

134.《国家电网公司安全职责规范》规定，主持或参加有关事故调查处理，严格执行（　　）、有关人员未受教育不放过（简称"四不放过"原则）。

A. 事故原因未查清不放过；B. 责任人员未处理不放过；C. 整改措施未落实不放过；D. 防范措施未落实不放过

答案：ABC

135.《国家电网公司安全职责规范》规定，单位领导人员应经常性深入一线班组及工作现场，开展监督检查和反违章工作，对（　　）、安全防护用品使用及《国家电网公司电力安全工作规程》执行情况等进行检查，及时发现问题并提出改进意见。

A. 作业环境；B. 岗位标准；C. 作业方法；D. 作业流程

答案：ACD

136. 根据《国家电网公司安全职责规范》，单位领导人员通用的安全职责包括（　　）。

A. 负责分管范围内工作质量监督和管理，配合建立健全质量监督体系；B. 负责分管范围内的应急管理工作，配合建立健全应急管理体系；C. 按照"谁主管、谁负责"的原则，建立健全分管工作范围内的安全生产保证体系；D. 充分发挥安全监督体系作用，完善安全监督手段

答案：ABCD

137.《国家电网公司安全职责规范》对分管规划工作行政副职的安全职责规定：对电力生产运行、安全性评价、隐患排查中发现的涉及电网规划设计中的问题和事故隐患，按照安全设施与主体工程（　　）的要求，负责组织制定并督促落实各项解决措施和方案。

A. 同时设计；B. 同时施工；C. 同时验收；D. 同时投产

答案：ABD

138.《国家电网公司安全职责规范》对分管营销工作行政副职的安全职责规定：组织对用电安全情况进行检查。存在安全隐患的，应下发整改通知书，并及时报告政府职能部门，督促指导客户及时整改，严防客户事故危及（　　）安全。

A. 人身；B. 电网；C. 信息；D. 设备

答案：ABD

139.《国家电网公司安全职责规范》对基层单位二级机构（工地、分场、工区、室、所、队等）专责工程师的安全职责规定：参加定期的（　　）。组织编制并实施归口专业各类事故应急处理预案。

A. 运行分析；B. 廉政教育；C. 事故预想；D. 反事故演习

答案：ACD

140.《国家电网公司安全职责规范》对基层单位二级机构（工地、分场、工区、室、所、队等）专责工程师的安全职责规定：负责组织安全技术规程宣贯培训，严格执行（　　）（简称"两票"）制度，并对执行情况进行监督检查和评价。

A. 安全措施票；B. 工作票；C. 倒闸操作票；D. 风险控制票

答案：BC

141. 根据《国家电网公司安全职责规范》，下列属于供电所长安全职责的有（　　）。

A. 负责组织编制重大（或复杂）作业项目的安全技术措施，履行到位监督职责或到现场指挥作业；B. 定期组织开展安全工器具及劳动保护用品检查；C. 做好各项工作任务的事先"两交底"（即技术交底和安全措施交底），有序组织各项生产活动；D. 协助政府主管部门做好供电辖区人身触电伤亡事故的调查处理

答案：ABCD

142.《国家电网公司安全职责规范》对班组长的安全职责规定：经常检查本班组工作场所的（　　）的安全状况，定期开展检查、试验，对发现的问题做到及时登记上报和处理。对本班组人员正确使用劳动防护用品进行监督检查。

A. 工作环境；B. 物料；C. 安全设施；D. 设备工器具

答案：ACD

143.《国家电网公司安全职责规范》对班组安全员的安全职责规定：班组安全员是班组长在安全生产管理工作上的助手，负责监督检查（　　），制止违章指挥和强令作业人员冒险作业。

A. 现场安全措施是否正确完备；B. 个人安全劳动防护措施是否得当；C. 及时制止各类违章现象；D. 遵守劳动纪律

答案：ABCD

144. 根据《国家电网公司安全职责规范》，班组安全员应教育本班组人员严格执行规章制度，做好（　　）安全事件防范工作。

A. 人身；B. 电网；C. 设备；D. 信息

答案：ABCD

145. 根据《国家电网公司安全职责规范》，下列属于人力资源部（社保中心）安全职责的有（　　）。

A. 负责本单位劳动组织的管理，建立合理的安全生产机制；B. 落实安全生产奖惩规定中对责任人员的处理决定；C. 监督集体企业用工安全管理工作；D. 审查本单位各所属单位安监部门的资质和人员资格

答案：ABC

146. 根据《国家电网公司安全职责规范》，下列属于物资（分）公司（招标代理公司）安全职责的有（　　）。

A. 组织安全生产所需物资设备、材料、安全工器具、消防器具等的采购；B. 保证"两措"物资采购计划落实；C. 负责防汛及应急物资储备运输；D. 组织编制火灾、泄漏等安全事故应急处理预案

答案：ABCD

147.《国家电网公司安全事故调查规程》（2017 修正版）规定：发生特别重大事故、重大事故、较大事故和一般事故，需严格按照（　　）及有关程序，向相关机构报告、接受并配合其调查、落实其对责任单位和人员的处理意见，同时还应按照本规程进行报告和调查。

A. 上级指示；B. 国家法规；C. 行业规定；D. 企业规章制度

答案：BC

148.《国家电网公司安全事故调查规程》（2017 修正版）规定：发生以下（　　）情况属于人身事故。

A. 被单位派出到用户工程工作过程中发生的人身伤亡；B. 员工乘坐公共交通工具上班时发生的人身伤亡；C. 单位组织的外出培训过程中发生的人身伤亡；D. 在工作过程中，因本人疾病原因造成的人身伤亡

答案：AC

149.《国家电网公司安全事故调查规程》（2017 修正版）规定：因公外出发生的人身伤亡，员工的释义包括以下（　　）。

A. 单位各种用工形式的人员；B. 劳务派遣工、代训工、实习生和其他社会化用工；C. 固定职工、合同制职工；D. 临时工（临时聘用、雇用、借用的人员）

答案：ABCD

150.《国家电网公司安全事故调查规程》（2017 修正版）规定：特别重大电网事故（一级电网事件）说法正确的是（   ）。

A. 造成区域性电网减供负荷 30%以上者；B. 造成电网负荷 5000MW 以上20 000MW 以下的省（自治区）电网减供负荷 40%以上者；C. 造成直辖市电网减供负荷 50%以上，或者 60%以上供电用户停电者；D. 造成电网负荷 10 000MW以上的省（自治区）电网减供负荷 30%以上者

答案：ABC

151.《国家电网公司安全事故调查规程》（2017 修正版）规定：一般电网事故（四级电网事件）说法正确的是（   ）。

A. 造成电网负荷 20 000MW 以上的省（自治区）电网减供负荷 5%以上 10%以下者；B. 造成电网负荷 5000MW 以上 20 000MW 以下的省（自治区）电网减供负荷 6%以上 12%以下者；C. 造成区域性电网减供负荷 30%以上者；D. 造成直辖市电网减供负荷 5%以上 10%以下，或者 10%以上 15%以下供电用户停电者

答案：ABD

152.《国家电网公司安全事故调查规程》（2017 修正版）规定：不属于六级电网事件的有（   ）。

A. 造成区域性电网减供负荷 4%以上 7%以下者；B. 造成电网负荷20 000MW 以上的省（自治区）电网减供负荷 5%以上 10%以下者；C. 变电站内 110kV（含 66kV）母线非计划全停；D. 造成电网负荷 5000MW 以上 20 000MW以下的省（自治区）电网减供负荷 6%以上 12%以下者

答案：ABD

153.《国家电网公司安全事故调查规程》（2017 修正版）规定：较大电网事故（三级电网事件）说法正确的是（   ）。

A. 造成直辖市电网减供负荷 20%以上 50%以下，或者 30%以上 60%以下的供电用户停电者；B. 造成区域性电网减供负荷 7%以上 10%以下者；C. 造成电网负荷 20 000MW 以上的省（自治区）电网减供负荷 10%以上 13%以下者；D. 造成电网负荷 5000MW 以上 20 000MW 以下的省（自治区）电网减供负荷12%以上 16%以下者

答案：BCD

154.《国家电网公司安全事故调查规程》（2017 修正版）规定：电网安全水平降低，出现下列（ ）情况为六级电网事件。

A. 区域电网、省（自治区、直辖市）电网实时运行中的备用有功功率不能满足调度规定的备用要求；B. 电网输电断面超稳定限额连续运行时间超过 1h；C. 220kV 以上线路、母线失去主保护；D. 系统中发电机组 AGC 装置非计划停用时间超过 72h

答案：ABCD

155.《国家电网公司安全事故调查规程》（2017 修正版）规定：有下列情形之一者，为重大设备事故（二级设备事件）（ ）。

A. 造成 5000 万元以上 1 亿元以下直接经济损失者；B. 600MW 以上锅炉因安全故障中断运行 240h 以上者；C. 造成 100 万元以上 1000 万元以下直接经济损失者；D. 起重机械整体倾覆者

答案：AB

156.《国家电网公司安全事故调查规程》（2017 修正版）规定：3kV 以上电气设备，因（ ）使主设备异常运行或被迫停运的属于六级设备事件。

A. 继电保护及安全自动装置人员误动、误碰、误（漏）接线；B. 继电保护及安全自动装置（包括热工保护、自动保护）的定值计算、调试错误；C. 装机容量 600MW 以下发电厂、220kV 以上 500kV 以下变电站的厂（站）用直流全部失电；D. 监控过失：人员未认真监视、控制、调整等

答案：ABD

157.《国家电网公司安全事故调查规程》（2017 修正版）规定：通信系统出现下列（ ）情况之一者，判定为六级设备事件。

A. 地市供电公司级单位本部通信站通信业务全部中断；B. 地市电力调度控制中心与直接调度范围内 30% 以上厂站的调度电话业务、调度数据网业务及实时专线通信业务全部中断；C. 500kV 以上系统中，一个厂站的调度电话业务、调度数据网业务及实时专线通信业务全部中断；D. 220kV 以上系统中，一条通信光缆或者同一厂站通信设备（设施）故障，导致 8 条以上线路出现一套主保护的通信通道全部不可用，且持续时间 8h 以上

答案：ABCD

158.《国家电网公司安全事故调查规程》（2017 修正版）规定：通信系统出现（ ）属于七级设备事件。

A. 县电力调控分中心调度数据网业务全部中断，且持续时间 8h 以上；

B. 220kV（含 330kV）系统中，一个厂站的调度电话业务、调度数据网业务及实时专线通信业务全部中断；C. 220kV 以上系统中，线路一套主保护的通信通道全部不可用，且持续时间 8h 以上；D. A 类机房中的自动化、信息或通信设备被迫停运，且持续时间 4h 以上

答案：ABC

159.《国家电网公司安全事故调查规程》（2017 修正版）规定：通信系统出现（　　）属于八级设备事件。

A. 县供电公司级单位本部通信站通信业务全部中断；B. 县电力调控分中心调度数据网业务全部中断；C. 220kV 以上系统中，线路一套主保护的通信通道全部不可用，且持续时间 8h 以上；D. 承载 220kV 以上线路保护、安全自动装置或省级以上电力调度控制中心调度电话业务、调度数据网业务的通信光缆纤芯或电缆线路故障，且持续时间 8h 以上

答案：ABD

160.《国家电网公司安全事故调查规程》（2017 修正版）规定：信息系统发生（　　）属于五级信息系统事件。

A. 数据（网页）遭篡改、假冒、泄露或窃取，对公司安全生产、经营活动或社会形象产生特别重大影响；B. 一类信息系统 72h 以上的数据丢失；C. 二类信息系统 144h 以上的数据丢失；D. 县供电公司级单位本部通信站通信业务全部中断

答案：ABC

161.《国家电网公司安全事故调查规程》（2017 修正版）规定：以下（　　）统计为农电人身事故。

A. 代管县（县级市）供电公司（局）生产经营活动中发生的人身事故；B. 县（县级市）供电公司（局）非生产性办公经营场所发生的事故；C. 直管或控股时间不到 2 年的县（县级市）供电公司（局）生产经营活动中发生的人身事故；D. 直管、控股县（县级市）供电公司（局）所属农村供电所组织从事农村供电所管辖范围内的 10 千伏及以下生产经营等业务活动中发生的人身事故

答案：ACD

162.《国家电网公司安全事故调查规程》（2017 修正版）规定：各有关单位接到事故报告后，应当依照下列（　　）规定立即上报事故情况。

A. 发生五级以上人身、电网、设备和信息系统事故，应立即按资产关系或管理关系逐级上报至国家电网公司；省电力公司上报国家电网公司的同时，还

应报告相关分部；B. 发生六级人身、电网、设备和信息系统事件，应立即按资产关系或管理关系逐级上报至省电力公司或国家电网公司直属公司；C. 发生七级人身、电网、设备和信息系统事件，应立即按资产关系或管理关系上报至地市级单位；D. 发生八级人身、电网、设备和信息系统事件，应立即按资产关系或管理关系逐级上报至上一级管理单位

答案：AB

163.《国家电网公司安全事故调查规程》（2017 修正版）规定：安全事故报告应（   ），任何单位和个人对事故不得迟报、漏报、谎报或者瞒报。必要时，可以越级上报事故情况。

A. 准确；B. 完整；C. 及时；D. 合理

答案：ABC

164.《国家电网公司安全事故调查规程》（2017 修正版）规定：关于即时报告说法正确的是（   ）。

A. 可以电话形式上报；B. 可以电传形式上报；C. 可以电子邮件、短信等形式上报；D. 必须以书面形式上报

答案：ABC

165.《国家电网公司安全事故调查规程》（2017 修正版）规定：五级以上的即时报告事故均应在 24h 以内以书面形式上报，其简况至少应包括以下内容（   ）。

A. 电网停电影响、设备损坏、应用系统故障和网络故障的初步情况；B. 事故发生的简要经过、伤亡人数、直接经济损失的初步估计；C. 事故发生原因的初步判断；D. 事故发生的时间、地点、单位

答案：ABCD

166.《国家电网公司安全事故调查规程》（2017 修正版）规定：事故调查结案后，事故调查的组织单位应将有关资料归档，资料必须完整，根据情况应有（   ）。

A. 人身、电网、设备、信息系统事故报告；B. 事故调查报告书、事故处理报告书及批复文件；C. 物证、人证材料；D. 现场调查笔录、图纸、仪器表计打印记录、资料、照片、录像（视频）、操作记录、配置文件、日志等

E、直接和间接经济损失材料

答案：ABCDE

167.《国家电网公司安全事故调查规程》（2017 修正版）规定：关于应由调查组填写事故调查报告书的下列说法正确的是（   ）。

A. 人身死亡、重伤事故，填写《人身事故调查报告书》；B. 四级以上设备事故填写《设备事故调查报告书》；C. 五级以上电网事故填写《电网事故调查报告书》；D. 六级以上信息系统事件填写《信息系统事件调查报告书》

答案：ACD

168.《国家电网公司安全事故调查规程》（2017 修正版）规定：下列（　　）由国家电网公司或其授权的分部、省电力公司、国家电网公司直属公司组织调查。

A. 较大（三级）以上设备事故；B. 一般（四级）以上人身事故；C. 五级以上电网事件；D. 六级信息系统事件

答案：ABC

169.《国家电网公司安全事故调查规程》（2017 修正版）规定：（　　）以及六级信息系统事件由省电力公司（国家电网公司直属公司）或其授权的单位组织调查，国家电网公司认为有必要时可以组织、派员参加或授权有关单位调查。

A. 五级人身事件；B. 六级电网事件；C. 一般（四级）设备事故；D. 五级设备事件

答案：ABCD

170.《国家电网公司安全事故调查规程》（2017 修正版）规定：人身事故调查组由相应调查组织单位的领导或其指定人员主持，（　　）、人力资源（社保）等有关部门派员参加。

A. 安监；B. 生产；C. 监察；D. 工会

答案：ABCD

171.《国家电网公司安全事故调查规程》（2017 修正版）规定：事故发生后，事故调查程序包括（　　）、提出防范措施及提出人员处理意见。

A. 保护事故现场；B. 调查事故情况；C. 收集原始资料；D. 汇总上报情况；E. 分析原因责任

答案：ABCE

172.《国家电网公司安全事故调查规程》（2017 修正版）规定：人身事故调查应查明事故发生前工作内容、（　　）、作业时的行为及位置、事故发生的经过、现场救护情况等。

A. 开始时间；B. 结束时间；C. 许可情况；D. 作业程序

答案：ACD

173.《国家电网公司安全事故调查规程》（2017 修正版）规定：人身事故

调查应查明事故场所周围的（　　）情况。

A. 环境；B. 安全防护设施；C. 个人防护用品的使用；D. 领导到岗

答案：ABC

174.《国家电网公司安全事故调查规程》（2017 修正版）规定：以下关于调查信息系统事件情况说法正确的是（　　）。

A. 查明事件发生前系统的运行情况；B. 查明事件发生经过、扩大及处理情况；C. 调查系统和设备资料（包括订货合同、维护记录等）情况以及规划、设计、建设、实施、运行等方面存在的问题；D. 查明事件造成的损失，包括影响时间、影响范围、影响严重程度等

答案：ABCD

175.《国家电网公司安全事故调查规程》（2017 修正版）规定：以下关于保护事故现场说法正确的是（　　）。

A. 事故发生后，事故发生单位安监部门或其指定的部门应立即组织当值值班人员、现场作业人员和其他有关人员在离开事故现场前，分别如实提供现场情况并写出事故的原始材料；B. 事故发生后，事故发生单位必须迅速抢救伤员并派专人严格保护事故现场。未经调查和记录的事故现场，不得任意变动；C. 事故发生后，事故发生单位安监部门或其指定的部门应立即对事故现场和损坏的设备进行照相、录像、绘制草图、收集资料；D. 因紧急抢修、防止事故扩大以及疏导交通等，需要变动现场，必须经单位有关领导和安监部门同意，并做出标志、绘制现场简图、写出书面记录，保存必要的痕迹、物证

答案：BCD

176.《国家电网公司安全事故调查规程》（2017 修正版）规定：事故调查组有权向（　　）了解事故的有关情况并索取有关资料，任何单位和个人不得拒绝。

A. 事故责任单位；B. 事故发生单位；C. 有关部门；D. 有关人员

答案：BCD

177.《国家电网公司安全事故调查规程》（2017 修正版）规定：事故调查组在收集原始资料时应对事故现场搜集到的所有物件（如破损部件、碎片、残留物等）（　　）。

A. 保持原样；B. 贴上标签；C. 注明地点；D. 注明时间

E、注明物件管理人

答案：ABCDE

178.《国家电网公司安全事故调查规程》（2017 修正版）规定：查明事故

造成的损失，包括（　　）以及事故造成的设备损坏程度、经济损失等；

　　A. 损失电量；B. 波及范围；C. 减供负荷；D. 停电用户性质

　　答案：ABCD

　　179.《国家电网公司安全事故调查规程》（2017 修正版）规定：根据事故调查的事实，通过对直接原因和间接原因的分析，确定事故的（　　）。

　　A. 直接责任者；B. 领导责任者；C. 间接责任者；D. 次要责任者

　　答案：AB

　　180.《国家电网公司安全事故调查规程》（2017 修正版）规定：在事故原因分析中存在以下（　　）问题确定为领导责任。

　　A. 现场安全防护装置、个人防护用品、安全工器具不全或不合格；B. 对员工教育培训不力；C. 安全交底不到位；D. 同类事故重复发生

　　答案：ABD

　　181.《国家电网公司安全事故调查规程》（2017 修正版）规定：七级以上事故应报送月度事故快报，其应包括以下内容（　　）。

　　A. 人身死亡、重伤和轻伤人数；B. 电网、设备、信息系统事故次数；C. 恶性误操作事故次数；D. 事故造成负荷损失的，需同时填报损失负荷和停电用户数；E. 事故发生的时间、地点、单位；事故发生的简要经过、伤亡人数、直接经济损失的初步估计；设备损坏、电网停电影响以及系统和网络故障的初步情况；事故发生原因的初步判断

　　答案：ABCDE

　　182.《国家电网公司安全事故调查规程》（2017 修正版）规定：发生以下（　　）情况中断该单位安全记录。

　　A. 非人员责任引起的直流输电系统单极闭锁；B. 发生五级以上人身事故；C. 发生负同等责任以上的重大以上交通事故；D. 免责条款外发生六级以上电网、设备和信息系统事故

　　答案：BCD

　　183.《国家电网公司大面积停电事件应急预案》规定，应急预案体系由（　　）大面积停电事件应急预案及其职能部门处置方案，各级调度机构电网故障处置方案，相关直属单位支撑大面积停电事件应急预案等构成。

　　A. 公司总（分）部；B. 省公司；C. 地市公司；D. 县公司

　　答案：ABCD

　　184. 根据《国家电网公司大面积停电事件应急预案》，公司系统大面积停电事件应急预案体系由（　　）等构成。

A. 公司总（分）部、省公司、地市公司、县公司大面积停电事件应急预案及其职能部门处置方案；B. 各级调度机构电网故障应急预案；C. 各级调度机构电网故障处置方案；D. 相关直属单位支撑大面积停电事件处置应急预案

答案：ACD

185.《国家电网公司大面积停电事件应急预案》规定，根据大面积停电造成的危害程度、影响范围等因素，将大面积停电事件分为（　　）。

A. 特别重大；B. 重大；C. 较大；D. 一般

答案：ABCD

186. 根据《国家电网公司大面积停电事件应急预案》，风险监测的内容包括（　　）、设备运行风险。

A. 自然灾害风险；B. 电网运行风险；C. 供需平衡破坏风险；D. 外力破坏风险

答案：ABCD

187. 根据《国家电网公司大面积停电事件应急预案》，公司大面积停电事件处置领导小组根据大面积停电（　　）确定响应级别。

A. 恢复时间；B. 影响范围；C. 严重程度；D. 社会影响

答案：BCD

188. 根据《国家电网公司大面积停电事件应急预案》，公司大面积停电事件应急响应分为（　　）级。

A. Ⅰ；B. Ⅱ；C. Ⅲ；D. Ⅳ

答案：ABCD

189.《国家电网公司大面积停电事件应急预案》规定，下列关于大面积停电事件相关事发单位在响应措施先期处置中采取的针对性措施，正确的是（　　）。

A. 立即开展电网调度事故处理；B. 迅速开展电网设施设备抢修工作；C. 全面了解事件情况，及时报送相关信息；D. 密切关注事件发展态势

答案：ABC

190.《国家电网公司大面积停电事件应急预案》规定，国家电网公司大面积停电事件中，事发单位、救援单位、相关部门组织力量开展（　　），避免发生人身伤害、火灾等次生灾害。

A. 隐患排查；B. 缺陷整治；C. 应急演练；D. 安全培训

答案：AB

191. 根据《国家电网公司大面积停电事件应急预案》，应急响应期间，各单位应定时向公司（　　）报告综合信息。

A. 应急指挥中心；B. 大面积停电事件处置领导小组办公室；C. 总值班室；D. 安全质量监察部

答案：BC

192. 根据《国家电网公司大面积停电事件应急预案》，发生大面积停电事件，事发单位即时报告的内容包括（　　）等概要信息。

A. 时间；B. 地点；C. 基本经过；D. 影响范围

答案：ABCD

193. 根据《国家电网公司大面积停电事件应急预案》，开展善后处理应贯彻（　　）原则。

A. 考虑全局；B. 面面俱到；C. 突出重点；D. 快速处理

答案：AC

194. 根据《国家电网公司大面积停电事件应急预案》，建立健全公司应急队伍体系，应组建（　　），建立公司和省公司两级应急专家库。

A. 应急抢修队伍；B. 应急救援基干队伍；C. 应急指挥队伍；D. 应急值班队伍

答案：AB

195. 根据《国家电网公司大面积停电事件应急预案》，建立健全应急物资装备（　　）机制，确保应急处置所需的物资装备和生活用品的应急供应。

A. 采购；B. 储存；C. 调拨；D. 紧急配送

答案：BCD

196.《国家电网公司大面积停电事件应急预案》规定，国家电网公司大面积停电事件应急预案应报（　　）备案。

A. 国务院应急办；B. 国资委；C. 国家安全监管总局；D. 国家能源局

答案：BCD

197. 根据《国家电网公司大面积停电事件应急预案》，发生下列（　　）情况，应及时修订国家电网公司大面积停电事件应急预案。

A. 面临的风险发生重大变化；B. 重要应急资源发生重大变化；C. 有关政府部门提出修订要求；D. 公司重要规章制度发生修订

答案：ABC

198.《国家电网公司质量事件调查管理办法》规定，质量事件体系由（　　）质量事件组成。

A. 工程；B. 物资；C. 运检；D. 电能；E. 服务

答案：ABCDE

199.《国家电网公司质量事件调查管理办法》规定，各级单位质量事件调查工作由本单位安全生产委员会统一领导，（   ）共同参与。

A. 质量监督部门；B. 质量保证部门；C. 技术支撑单位；D. 纪检监察部门

答案：ABC

200. 根据《国家电网公司质量事件调查管理办法》，工程质量事件是指在工程设计、（   ）等过程中违反相关法律法规、制度标准、合同规定或管理要求，造成经济损失、工期延误、设计功效降低、危及电网安全运行等情况的事件。

A. 施工安装；B. 检测调试；C. 工程验收；D. 运行维护

答案：ABC

201.《国家电网公司质量事件调查管理办法》规定，在运检质量事件中，违反相关法律法规、制度标准或管理要求的表现包含以下（   ）情况。

A. 设备运维、实验、检修（抢修）质量不符合要求；B. 检修、试验超规定周期或不符合状态检修管理要求；C. 物资存在批量问题或家族性缺陷；D. 未及时落实相应反事故措施要求

答案：ABD

202. 根据《国家电网公司质量事件调查管理办法》，运检质量事件是指在设备（   ）、抢修恢复等过程中违反相关法律法规、制度标准或管理要求，造成设备损坏、非计划停运、信息中断、危及电网安全运行等情况的事件。

A. 运行维护；B. 检修试验；C. 缺陷处理；D. 监督制造

答案：ABC

203. 根据《国家电网公司质量事件调查管理办法》，因质量原因发生以下（   ），为六级质量事件。

A. 造成重要电力用户延迟供电6个月或赔偿客户金额20万元以上50万元以下；B. 造成单次电费差错20万元以上50万元以下；C. 造成20万元以上50万元以下直接经济损失；D. 110kV以上500kV以下电力电缆主绝缘击穿或电缆头损坏

答案：BC

204. 根据《国家电网公司质量事件调查管理办法》，因质量原因发生以下（   ），为八级质量事件。

A. 造成5万元以上10万元以下直接经济损失；B. 造成单次电费差错5万元以上10万元以下；C. 35kV变电站站用直流全部失电；D. 35kV以上500kV

以下输变电主设备经认定存在家族性缺陷

答案：ABC

205. 根据《国家电网公司质量事件调查管理办法》，质量事件责任分为（   ）。

A. 直接责任；B. 主要责任；C. 同等责任；D. 次要责任

答案：BCD

206. 根据《国家电网公司质量事件调查管理办法》，若一次事件同时满足不同类型、等级质量事件，按（   ）原则执行。

A. 不同等级，等级优先；B. 相同等级，责任优先；C. 相同责任，分别统计；D. 不同类型，运检优先

答案：ABC

207.《国家电网公司质量事件调查管理办法》规定，（   ）级质量事件由国家电网公司总部组织调查。

A. 一；B. 二；C. 三；D. 四

答案：ABCD

208.《国家电网公司质量事件调查管理办法》规定，（   ）级质量事件由国家电网公司总部或其授权的分部、省公司级单位组织调查。

A. 四；B. 五；C. 六；D. 七

答案：BC

209.《国家电网公司安全隐患排查治理管理办法》规定，安全隐患排查治理是企业管理的重要内容，按照（   ）的原则，明确责任主体，落实职责分工，实行分级分类管理，做好全过程闭环管控。

A. 谁主管、谁负责；B. 全员、全面、全过程、全方位；C. 全覆盖、勤排查、快治理；D. 党政工团齐抓共管

答案：AC

210.《国家电网公司安全隐患排查治理管理办法》规定，根据可能造成的事故后果，安全隐患分为（   ）。

A. Ⅰ级重大事故隐患；B. Ⅱ级重大事故隐患；C. 一般事故隐患；D. 安全事件隐患

答案：ABCD

211.《国家电网公司安全隐患排查治理管理办法》规定，Ⅰ级重大事故隐患可能造成（   ）人身、电网或设备事件。

A. 1～2级人身、电网、设备事件；B. 重大交通事故；C. 特大交通事故；

D. 重大火灾事故

答案：ACD

212.《国家电网公司安全隐患排查治理管理办法》规定，Ⅱ级重大事故隐患可能造成（　　）人身、电网或设备事件。

A. 3～4 级人身或电网事件；B. 5 级信息系统事件；C. 重大交通事故；D. 较大或一般火灾事故

答案：ABCD

213.《国家电网公司安全隐患排查治理管理办法》规定，安全管理中存在以下（　　）情况，定性为Ⅱ级重大事故隐患。

A. 安全监督管理机构未成立；B. 安全责任制未建立；C. 安全管理制度、应急预案严重缺失；D. 安全培训不到位

答案：ABCD

214.《国家电网公司安全隐患排查治理管理办法》规定，可能造成（　　）的隐患为一般事故隐患。

A. 其他 4 级设备事件；B. 5 级电网或设备事件；C. 6 级电网或设备事件；D. 7 级电网或设备事件

答案：ABCD

215.《国家电网公司安全隐患排查治理管理办法》规定，可能造成（　　）的隐患为安全事件隐患。

A. 8 级人身事件；B. 8 级电网和设备事件；C. 8 级信息系统事件；D. 轻微交通事故

答案：BCD

216.《国家电网公司安全隐患排查治理管理办法》规定，超出设备缺陷管理制度规定的消缺周期仍未消除的设备（　　），即为安全隐患。

A. 一般缺陷；B. 严重缺陷；C. 危急缺陷；D. 家族性缺陷

答案：BC

217.《国家电网公司安全隐患排查治理管理办法》规定，安全隐患划分为（　　）、输电、变电、配电、发电、电网规划、电力建设、环境保护、交通、装备制造、煤矿、安全保卫、后勤和其他共十六大类进行统计。

A. 信息通信；B. 电网运行及二次系统；C. 运维检修；D. 消防

答案：ABD

218.《国家电网公司安全隐患排查治理管理办法》规定，根据"统一领导、落实责任、分级管理、分类指导、全员参与"的要求，国家电网公司建立（　　）

组成的隐患排查治理工作机制。

A. 总部分部；B. 省公司级单位；C. 地市公司级单位；D. 县公司级单位

答案：ABCD

219.《国家电网公司安全隐患排查治理管理办法》规定，各级单位将生产经营项目、工程项目、场所、设备发包、出租或代维的，应当与承包、承租、代维单位签订安全生产管理协议，并在协议中明确各方对安全隐患（　　）的管理职责。

A. 排查；B. 治理；C. 防控；D. 报告

答案：ABC

220.《国家电网公司安全隐患排查治理管理办法》规定，由于用户原因导致电网存在的安全隐患，由（　　）负责以安全隐患通知书的形式告知用户，同时向政府有关部门报告，督促用户整改，并将安全隐患纳入闭环管理，采取技术或管理措施防止对电网造成影响。

A. 分部；B. 省公司级单位；C. 地市公司级单位；D. 县公司级单位

答案：CD

221.《国家电网公司安全隐患排查治理管理办法》规定，接到安全隐患预警通告后，涉及电网、人身和设备安全管理的责任单位应立即采取（　　）或治理措施，做到有效降低隐患风险，保障作业人员和电网及设备运行安全，并将措施落实情况报告相关部门。

A. 管控；B. 防范；C. 排查；D. 预测

答案：AB

222.《国家电网公司安全隐患排查治理管理办法》规定，（　　）需逐级统计、上报至国家电网公司总部。

A. 特大事故隐患；B. 重大事故隐患；C. 安全事件隐患；D. 一般事故隐患

答案：BD

223.《国家电网公司安全隐患排查治理管理办法》规定，对经事故分析认定存在（　　）情况导致事故发生的，对相关责任人按国家电网公司有关奖惩规定处罚。

A. 瞒报安全隐患；B. 因工作不力延误消除隐患；C. 隐患定级不准确；D. 应排查而未排查出隐患

答案：ABD

224. 根据《国家电网公司安全生产反违章工作管理办法》，反违章工作是指企业在（　　）等过程中，在制度建设、培训教育、现场管理、监督检查、评价考核等方面开展的相关工作。

A. 预防违章；B. 整治违章；C. 杜绝违章；D. 查处违章

答案：ABD

225. 根据《国家电网公司安全生产反违章工作管理办法》，国家电网公司反违章工作贯彻"（ ）"的基本原则，建立健全行之有效的预防违章和查处违章工作机制，发挥安全保障体系和安全监督体系的共同作用，持续深入地开展反违章。

A. 落实责任；B. 查防结合；C. 以防为主；D. 健全机制

答案：ABCD

226. 根据《国家电网公司安全生产反违章工作管理办法》，违章是指在电力生产活动过程中，违反国家和电力行业安全生产法律法规、规程标准，违反国家电网公司安全生产规章制度、反事故措施、安全管理要求等，可能对人身、电网和设备构成危害并容易诱发事故的（ ）。

A. 人的不安全行为；B. 环境的不安全因素；C. 物的不安全状态；D. 管理的不安全作为

答案：ABCD

227. 根据《国家电网公司安全生产反违章工作管理办法》，违章按照性质分为（ ）三类。

A. 装置违章；B. 管理违章；C. 思想违章；D. 行为违章

答案：ABD

228. 根据《国家电网公司安全生产反违章工作管理办法》，装置违章是指（ ）不满足规程、规定、标准、反事故措施等的要求，不能可靠保证人身、电网和设备安全的不安全状态和环境的不安全因素。

A. 生产设备、设施；B. 环境；C. 生产人员上岗资质；D. 作业使用的工器具及安全防护用品

答案：ABD

229. 根据《国家电网公司安全生产反违章工作管理办法》，反违章监督检查应通过（ ）等形式，采取计划安排、临时抽查、突击检查等方式组织开展。

A. 违章纠察（稽查）；B. 事故监察；C. 专项监督；D. 安全检查

答案：ABCD

230. 根据《国家电网公司安全生产反违章工作管理办法》，执行违章"说清楚"。对查出的每起违章，应做到（ ）。

A. 整改措施到位；B. 原因分析清楚；C. 责任落实到人；D. 责任人员处罚到位

答案：ABC

231. 根据《国家电网公司安全生产反违章工作管理办法》，违章考核实行"（　　）"的原则，本级发现并按规定给予考核的，上级不再进行考核。

A. 自处；B. 自罚；C. 自纠；D. 自查

答案：ACD

232. 根据《国家电网公司安全生产反违章工作管理办法》，以下行为属于安全生产典型违章 100 条：倒闸操作前不核对设备（　　），不执行监护复诵制度或操作时漏项、跳项。

A. 电压；B. 名称；C. 编号；D. 位置

答案：BC

233. 根据《国家电网公司安全生产反违章工作管理办法》，以下行为属于安全生产典型违章 100 条：在带电设备周围使用（　　）（夹有金属丝者）进行测量工作。

A. 钢卷尺；B. 皮卷尺；C. 线尺；D. 直尺

答案：ABC

234.《国家电网公司电力安全工器具管理规定》所称安全工器具系指为防止触电、灼伤、坠落、摔跌、中毒、窒息、火灾、雷击、淹溺等事故或职业危害，保障工作人员人身安全的（　　）和标识牌等专用工具和器具。

A. 个体防护装备；B. 登高工器具；C. 安全围栏（网）；D. 绝缘安全工器具

答案：ABCD

235. 根据《国家电网公司电力安全工器具管理规定》，安全工器具管理遵循"谁主管、谁负责"、"谁使用、谁负责"的原则，落实资产全寿命周期管理要求，严格计划、采购、（　　）、检查和报废等全过程管理。

A. 检验；B. 验收；C. 保管；D. 使用

答案：ABCD

236. 根据《国家电网公司电力安全工器具管理规定》，安全工器具应通过国家、行业标准规定的型式试验，以及（　　）。进口产品的试验不低于国内同类产品标准。

A. 定期试验；B. 外观检查；C. 出厂试验；D. 预防性试验

答案：CD

237. 根据《国家电网公司电力安全工器具管理规定》，应进行预防性试验的安全工器具包括（   ）及发现质量问题的同批次安全工器具。

A. 规程要求进行试验的安全工器具；B. 新购置和自制安全工器具使用前；C. 检修后或关键零部件经过更换的安全工器具；D. 对其机械、绝缘性能发生疑问或发现缺陷的安全工器具

答案：ABCD

238. 根据《国家电网公司电力安全工器具管理规定》，安全工器具使用期间应按规定做好预防性试验，下列关于安全工器具的试验项目和周期说法正确的包括（   ）

A. 安全带的整体静负荷试验周期为 1 年；B. 安全绳的静负荷试验周期为半年；C. 连接器的静负荷试验周期为 1 年；D. 速差自控器的空载动作试验周期为 1 年

答案：ACD

239. 根据《国家电网公司电力安全工器具管理规定》，安全工器具经预防性试验合格后，应由检验机构在合格的安全工器具上（   ）牢固粘贴"合格证"标签或可追溯的唯一标识，并出具检测报告。

A. 不妨碍绝缘性能；B. 不妨碍使用性能；C. 醒目的部位；D. 绝缘的部位

答案：ABC

240. 根据《国家电网公司电力安全工器具管理规定》，各级单位应为班组配置（   ）的安全工器具，建立统一分类的安全工器具台账和编号方法。

A. 一定数量；B. 充足；C. 合格；D. 满足要求

答案：BC

241. 根据《国家电网公司电力安全工器具管理规定》，安全工器具宜根据产品要求存放于合适的（   ）处，与其他物资材料、设备设施应分开存放。

A. 阳光；B. 温度；C. 湿度；D. 通风条件

答案：BCD

242. 根据《国家电网公司电力安全工器具管理规定》，个人使用的安全工器具，应由单位指定地点集中存放，使用者负责（   ），班组安全员不定期抽查使用维护情况。

A. 检查；B. 管理；C. 维护；D. 保养

答案：BCD

243.《国家电网公司电力建设起重机械安全监督管理办法》中规定施工企

业应健全（　　　）

A. 起重机械管理和安全监督体系；B. 制定并组织落实起重机械管理制度；C. 制定并组织落实起重机械安全监督制度；D. 制定起重机械使用作业指导书

答案：ABC

244. 根据《国家电网公司电力建设起重机械安全监督管理办法》，起重机械管理人员、操作人员、起重指挥、司索人员、安装拆卸人员、检测人员应具备（　　　）条件，方可从事相关工作。

A. 接受安全教育；B. 接受技能培训；C. 取得相应资格；D. 具有相关经验

答案：ABC

245. 根据《国家电网公司电力建设起重机械安全监督管理办法》，起重机械的购置，选型要满足实际需要，起重机械管理部门要（　　　）。

A. 编制安全技术条件；B. 签订采购合同；C. 推荐符合要求供应商；D. 派人赴厂验收

答案：AB

246. 根据《国家电网公司电力建设起重机械安全监督管理办法》，起重机械制造过程中，根据需要（新型起重机械）应选派专业技术人员按照合同中的（　　　）进行监造。

A. 安全技术条款；B. 设计文件；C. 使用条款；D. 行业标准

答案：AB

247. 根据《国家电网公司电力建设起重机械安全监督管理办法》，起重机械购置合同中的设计文件包括（　　　）。

A. 总图；B. 主要受力结构件图；C. 机械传动图和电气；D. 液压系统原理图

答案：ABCD

248. 根据《国家电网公司电力建设起重机械安全监督管理办法》，起重机械到货后应组织有关部门验收，核实产品（　　　）等文件。

A. 质量合格证明；B. 安装及使用维修说明；C. 监督检验证明；D. 有关型式试验合格证明

答案：ABCD

249. 根据《国家电网公司电力建设起重机械安全监督管理办法》，起重机械应在显著位置设置（　　　）。

A. 产品铭牌；B. 安全警示标志及其说明；C. 年检合格证；D. 安全监察合格证

答案：AB

250. 根据《国家电网公司电力建设起重机械安全监督管理办法》，起重机械到货后，应将（　　）进行存档，符合要求后方可进行安装、使用。

A. 验收记录；B. 相关产品资料；C. 购买凭证；D. 保修凭证

答案：AB

251. 根据《国家电网公司电力建设起重机械安全监督管理办法》，租赁起重机械必须签订（　　）。

A. 租赁合同；B. 安全协议；C. 技术协议；D. 培训协议

答案：AB

252. 根据《国家电网公司电力建设起重机械安全监督管理办法》，在签订合同前应进行资质审查。资质审查的主要内容有：（　　）及自检合格证明、安装使用说明书，流动式起重机械还应审查其安全检验合格证。

A. 制造许可证；B. 起重机械产品安全性能监督检验证书；C. 产品合格证；D. 备案证明

答案：ABCD

253. 根据《国家电网公司安全设施标准》规定，安全设施是生产经营活动中将危险因素、有害因素控制在安全范围内以及预防、减少、消除危害所设置的（　　）等的统称。

A. 安全标志；B. 设备标志；C. 安全警示线；D. 安全防护设施

答案：ABCD

254. 根据《国家电网公司安全设施标准》规定，安全色是传递安全信息含义的颜色，以下关于安全色说法正确的是（　　）。

A. 红色传递禁止、停止、危险或提示消防设备、设施的信息；B. 蓝色传递必须遵守规定的指令性信息；C. 橙色传递注意、警告的信息；D. 绿色传递表示安全的提示性信息

答案：ABD

255. 根据《国家电网公司安全设施标准》规定，安全设施应（　　），适应使用环境要求。

A. 清晰醒目；B. 规范统一；C. 安装可靠；D. 便于维护

答案：ABCD

256. 根据《国家电网公司安全设施标准》规定，变电站内地面应标注（　　）。

A. 设备巡视路线；B. 通道边缘警戒线；C. 安全隔离线；D. 小心台阶警

示线

答案：AB

257. 根据《国家电网公司安全设施标准》规定，变电站设置的安全标志包括（　　）四种基本类型和消防安全标志、道路交通标志等特定类型。

A. 禁止标志；B. 警告标志；C. 指令标志；D. 提示标志；E. 警示标示

答案：ABCD

258. 根据《国家电网公司安全设施标准》规定，安全标志所用的（　　），标志牌的材质、表面质量、衬边及型号选用、设置高度、使用要求应符合 GB 2894—2008《安全标志及其使用导则》的规定。

A. 颜色；B. 图形符号；C. 几何形状；D. 文字

答案：ABCD

259. 根据《国家电网公司安全设施标准》规定，安全标志牌的固定方式分（　　）。

A. 附着式；B. 地面式；C. 悬挂式；D. 柱式

答案：ACD

260. 根据《国家电网公司安全设施标准》规定，安全标志牌应定期检查，如发现（　　）等不符合要求时，应及时修整或更换。

A. 泛光；B. 破损；C. 变形；D. 褪色

答案：BCD

261. 根据《国家电网公司安全设施标准》规定，电缆隧道应按规定配备（　　）。

A. 防毒面具；B. 正压式消防空气呼吸器；C. 护目眼镜；D. 防尘口罩

答案：AB

262. 2017 年，国家电网公司系统发生了以下（　　）电力建设工程人身死亡事故。

A. "3·1" 天津送变电工程公司分包人身事故；B. "5·7" 江西送变电建设公司分包人身事故；C. "5·14" 青岛供电公司分包人身事故；D. "6·7" 福建安溪县供电公司人身事故

答案：ABC

263. 2017 年 5 月 7 日，江西省送变电建设公司承建的 500kV 罗坊—抚州输电线路工程发生一起铁塔倒塌，分包单位人员坠落的较大人身伤亡事故。暴露出分包队伍安全意识淡薄，（　　）。

A. 施工组织及转序管理不到位；B. 部分高空作业人员无资质，相关安全技能培训未开展；C. 施工现场严重违章，反事故技术措施执行不力；D. 施工人员自我保护能力差，安全防护技能缺失；E. 在塔基未紧固，反向拉线角度不符合安全要求（不超过 45°）状况下冒险开展高空作业

答案：BCDE

264. 2016 年 6 月 18 日 0 时 28 分，国网陕西电力 110kV 韦曲变电站 35kV 出线电缆沟失火，导致 110kV 韦曲变电站、330kV 南郊变电站失火，故障损失负荷 28 万 kW。初步分析，因（　　）导致全站保护及操作电源失效，站内保护无法正确动作，造成故障越级，最后依靠对侧变电站后备保护切除故障。

A. 电缆沟着火；B. 站用交流电失电；C. 直流系统异常；D. 应急处置不当

答案：ABC

265. 2014 年 4 月 8 日 9 时 25 分，国网安徽电力霍邱县供电公司所属集体企业阳光工程公司员工刘××（男，1974 年生，中专学历，农电工）在进行 10kV 酒厂 06 线倪岗分支线 39 号杆花园 2 号台区低电压改造工作，装设接地线的过程中触电，抢救无效死亡。本次事故暴露出以下（　　）严重作业违章。

A. 设备管理工作存在严重漏洞，线路图纸与实际不符，设备标识不完善，对历史遗留的有关客户线路与公司线路同杆架设问题不清楚；B. 工作票签发人、许可人在不掌握现场相邻设备带电的情况下，错误签发、许可工作内容和安全措施；C. 施工作业前未交底；D. 现场作业人员未验电就装设接地线

答案：ABD

266. 西藏电力 220kV 墨竹工卡变电站误操作事故，暴露出的主要问题为（　　）。

A. 两票三制执行不到位；B. 防误操作管理不严格；C. 现场工作组织管理不力；D. 工作票签发人未严格审核安全措施

答案：ABC

267. 安徽霍邱县 4·8 人身伤亡事故中，存在的违章有（　　）。

A. 一般装置违章；B. 严重管理违章；C. 一般作业违章；D. 严重作业违章

答案：BD

268. 福建安溪县供电公司 6·7 人身死亡事故中，暴露的主要问题为（　　）。

A. 违章作业；B. 反违章工作不力；C. 作业风险分析不到位；D. 工作中未实施停电

答案：ABC

269. 针对陕西 330kV 南郊变起火事故，国家电网公司提出的要求是（　　）。

A. 强化电网运行风险管控；B. 立即开展变电站消防安全检查；C. 加强变电站直流系统运维管理；D. 全面排查二次系统安全隐患；E. 加强老旧变电站运行管理

答案：ABCDE

270. 2015 年 7 月 3 日 7 时 10 分，国网湖南电力调度控制中心调度专用 UPS 电源发生故障。故障发生前，三套 UPS 负载率分别为（　　）。

A. 45%；B. 44%；C. 50%；D. 40%

答案：ABD

271. 2015 年 03 月 23 日 09 时 40 分，国网保定供电公司 110kV 朝阳路变电站 1 号主变压器单元春检试验现场，现场停电范围为（　　）。

A. 110kV 朝阳路站 1 号主变压器转检修；B. 1 号主变压器的 501 开关转检修；C. 拉出 501-3 刀闸小车；D. 512、531 开关转冷备用

答案：ABCD

272. 2017 年 5 月 7 日，江西送变电发生的倒塔事故中，现场存在的主要问题有（　　）。

A. 181 号塔地脚螺栓未安装紧固到位；B. 未设安全监护；C. 拉线与地面角度不符合要求；D. 塔上作业未使用安全带

答案：AC

273. 2017 年 5 月 14 日，国网青岛供电公司所属集体企业青岛恒源送变电工程有限公司，承建的胶州铺集 110kV 输电工程发生一起铁塔倒塌，劳务分包单位人员坠落死亡的较大人身事故。现场存在的主要问题为（　　）。

A. 9 号塔部分地脚螺母脱落；B. 9 号塔未设置反向临时拉线；C. 9 号塔反向临时拉线强度不够；D. 9 号塔施工未设安全监护人员

答案：AB

274. 陕西 330kV 南郊变电站起火事故造成（　　）。

A. 韦曲变电站 4、5 号主变压器起火受损；B. 南郊变电站 3 号主变压器起火受损；C. 南郊变电站 1、2 号主变压器漏油；D. 南郊变电站 1 号变压器跳闸

答案：ABC

275. 2016 年 4 月 1 日 11 时 30 分，国网冀北电力唐山供电公司 220kV 罗屯变电站 110kV 兴东二线 113 线路停电检修，发生感应电触电伤亡事故。当天

现场的主要工作有（　　）。

A. 进行 113-2 刀闸检修；B. 加装站端避雷器；C. 113 开关检修；D. 113-4 刀闸检修

答案：AB

276. 国家电网公司贯彻落实《中共中央 国务院关于推进安全生产领域改革发展的意见》实施方案要求：到 2020 年，本质安全建设取得明显成效，全面建成与国际接轨、符合公司实际、具有电网企业鲜明特色，安全职责清晰、制度完善、管理科学、保障有力的国家电网安全管理体系；实现（　　）；实现"三杜绝"（杜绝大面积停电事故，杜绝人身死亡事故，杜绝重特大设备事故），公司安全管理达到国内领先水平。

A. 电网结构合理；B. 设备先进可靠；C. 技术手段领先；D. 管理科学高效；E. 队伍素质坚强

答案：ABCDE

277. 国家电网公司贯彻落实《中共中央 国务院关于推进安全生产领域改革发展的意见》实施方案要求：省级公司设立安全生产专项奖，对（　　）及时给予表彰和奖励，激励引导干部职工扎实做好安全工作。

A. 实现安全目标、安全生产长周期；B. 迎峰度夏（冬）、抢险救灾等作出突出贡献；C. 及时制止严重违章、发现治理重大隐患、正确处置复杂故障的单位和个人；D. 无违章班组、优秀工作票签发人、工作许可人、工作负责人

答案：ABCD

278. 国家电网公司贯彻落实《中共中央 国务院关于推进安全生产领域改革发展的意见》实施方案要求：加强重大隐患治理，实行"两单一表"管控，建立"绿色通道"，向（　　）实行"双报告"。

A. 本单位安全生产委员会；B. 本单位职代会；C. 上级安全监督部门；D. 政府部门

答案：BD

279. 国家电网公司贯彻落实《中共中央 国务院关于推进安全生产领域改革发展的意见》实施方案要求：推行岗位安全等级认证，健全安全等级与（　　）的挂钩机制。

A. 工资等级；B. 绩效奖励；C. 带薪休假；D. 岗位任职

答案：BD

280. 国家电网公司贯彻落实《中共中央 国务院关于推进安全生产领域改革发展的意见》实施方案要求：健全安全生产履职绩效考核和失职责任追究

的激励约束机制。对全员安全生产责任制进行考核，将考核结果与（　　　）挂钩。

A. 履职评定；B. 职务晋升；C. 薪酬分配；D. 人才评价；E. 奖励惩处

答案：ABCDE

三、判断题

（共 192 题）

1. 2016 年 7 月 20 日，习近平对加强安全生产和汛期安全防范工作作出重要指示。习近平指出，各级党委和政府特别是领导干部要牢固树立安全生产的观念，正确处理安全和发展的关系，坚持发展决不能以牺牲安全为代价这条红线。经济社会发展的每一个项目、每一个环节都要以效率效益为前提，不能有丝毫疏漏。   （   ）

答案：×

改正：经济社会发展的每一个项目、每一个环节都要以安全为前提。

2.《中共中央国务院关于推进安全生产领域改革发展的意见》规定，坚持安全发展的原则，贯彻以人民为中心的发展思想，始终把经济效益放在首位，正确处理安全与发展的关系，大力实施安全发展战略，为经济社会发展提供强有力的安全保障。   （   ）

答案：×

改正：坚持安全发展的原则，贯彻以人民为中心的发展思想，始终把人的生命安全放在首位，正确处理安全与发展的关系，大力实施安全发展战略，为经济社会发展提供强有力的安全保障。

3.《中共中央国务院关于推进安全生产领域改革发展的意见》确定的目标任务，到 2030 年，安全生产监管体制机制基本成熟，法律制度基本完善，全国生产安全事故总量明显减少，职业病危害防治取得积极进展，重特大生产安全事故频发势头得到有效遏制，安全生产整体水平与全面建成小康社会目标相适应。   （   ）

答案：×

改正：到 2020 年，安全生产监管体制机制基本成熟，法律制度基本完善，全国生产安全事故总量明显减少，职业病危害防治取得积极进展，重特大生产安全事故频发势头得到有效遏制，安全生产整体水平与全面建成小康社会目标相适应。

4.《中共中央国务院关于推进安全生产领域改革发展的意见》规定，企业对本单位安全生产和职业健康工作负全面责任，要基本履行安全生产法定责任，建立健全自我约束、持续改进的内生机制。   （   ）

答案：×

改正：企业对本单位安全生产和职业健康工作负全面责任，要严格履行安全生产法定责任，建立健全自我约束、持续改进的内生机制。

5.《中共中央国务院关于推进安全生产领域改革发展的意见》规定，企业实行全员安全生产责任制度，只有法定代表人才是安全生产第一责任人，主要技术负责人负有安全生产技术决策和指挥权，强化部门安全生产职责，落实一岗双责。   （ ）

答案：×

改正：企业实行全员安全生产责任制度，法定代表人和实际控制人同为安全生产第一责任人，主要技术负责人负有安全生产技术决策和指挥权，强化部门安全生产职责，落实一岗双责。

6.《中共中央国务院关于推进安全生产领域改革发展的意见》规定，国有企业要发挥安全生产工作示范带头作用，自觉接受属地监管。   （ ）

答案：√

7.《中共中央国务院关于推进安全生产领域改革发展的意见》规定，加强安全风险管控，高危项目审批必须把安全生产作为前置条件，城乡规划布局、设计、建设、管理等各项工作必须以公开、公平、公正为前提，实行重大安全风险"一票否决"。   （ ）

答案：×

改正：加强安全风险管控，高危项目审批必须把安全生产作为前置条件，城乡规划布局、设计、建设、管理等各项工作必须以安全为前提，实行重大安全风险"一票否决"。

8.《中共中央国务院关于推进安全生产领域改革发展的意见》规定，强化企业预防措施，树立隐患就是事故的观念，建立健全隐患排查治理制度、重大隐患治理情况向负有安全生产监督管理职责的部门和企业职代会"双报告"制度，实行自查自改自报闭环管理。   （ ）

答案：√

9. 为了加强安全生产工作，防止和减少生产安全事故，保障人民群众生命安全，促进经济社会持续健康发展，制定《中华人民共和国安全生产法》。

                                                        （ ）

答案：×

改正：为了加强安全生产工作，防止和减少生产安全事故，保障人民群众生命和财产安全，促进经济社会持续健康发展，制定《中华人民共和国安全生产法》。

10.《中华人民共和国安全生产法》规定，生产经营单位的法定代表人对本单位的安全生产工作全面负责。   （ ）

答案：×

改正：生产经营单位的主要负责人对本单位的安全生产工作全面负责。

11.《中华人民共和国安全生产法》规定，生产经营单位的从业人员有依法获得安全生产保障的权利，并应当依法履行安全生产方面的义务。　（　　）

答案：√

12.《中华人民共和国安全生产法》规定，国家实行生产安全事故责任追究制度，依据本法和有关法律、法规的规定，追究生产安全事故责任人员的法律责任。　（　　）

答案：√

13.《中华人民共和国安全生产法》规定，生产经营单位主要负责人的职责包括组织制定并实施本单位安全生产教育和培训计划。　（　　）

答案：√

14.《中华人民共和国安全生产法》规定，生产经营单位的主要负责人负有组织实施本单位安全生产规章制度和操作规程的职责。　（　　）

答案：×

改正：生产经营单位的主要负责人负有组织制定本单位安全生产规章制度和操作规程的职责。

15.《中华人民共和国安全生产法》规定，生产经营单位的安全生产责任制应当明确各岗位的责任人员、责任范围、工作目标和考核标准等内容。（　　）

答案：×

改正：生产经营单位的安全生产责任制应当明确各岗位的责任人员、责任范围和考核标准等内容。

16.《中华人民共和国安全生产法》规定，生产经营单位的主要负责人负有督促落实本单位重大危险源安全管理措施的职责。　（　　）

答案：×

改正：生产经营单位的安全生产管理机构以及安全生产管理人员负有督促落实本单位重大危险源安全管理措施的职责。

17.《中华人民共和国安全生产法》规定，生产经营单位的安全生产管理机构以及安全生产管理人员应履行组织或者参与拟订本单位安全生产规章制度、操作规程和生产安全事故应急救援预案的职责。　（　　）

答案：√

18.《中华人民共和国安全生产法》规定，生产经营单位的安全生产管理机构以及安全生产管理人员应履行制止和纠正违章指挥、强令冒险作业、违反操作规程行为的职责。　（　　）

答案：√

19.《中华人民共和国安全生产法》规定，生产经营单位使用被派遣劳动者的，应当将被派遣劳动者纳入本单位从业人员统一管理，对被派遣劳动者进行安全生产知识和管理能力的教育和培训。　　　　　　　　　　（　　）

答案：×

改正：生产经营单位使用被派遣劳动者的，应当将被派遣劳动者纳入本单位从业人员统一管理，对被派遣劳动者进行岗位安全操作规程和安全操作技能的教育和培训。

20.《中华人民共和国安全生产法》规定，生产经营单位应当建立安全生产教育和培训档案，如实记录安全生产教育和培训的时间、内容、参加人员以及考核结果等情况。　　　　　　　　　　　　　　　　　（　　）

答案：√

21.《中华人民共和国安全生产法》规定，生产经营单位新建、改建、扩建工程项目（以下统称建设项目）的生活设施，必须与主体工程同时设计、同时施工、同时投入生产和使用。　　　　　　　　　　　　（　　）

答案：×

改正：生产经营单位新建、改建、扩建工程项目（以下统称建设项目）的安全设施，必须与主体工程同时设计、同时施工、同时投入生产和使用。

22.《中华人民共和国安全生产法》规定，生产经营单位应当在有较大危险因素的生产经营场所和有关设施、设备上，设置明显的安全隔离措施。（　　）

答案：×

改正：生产经营单位应当在有较大危险因素的生产经营场所和有关设施、设备上，设置明显的安全警示标志。

23.《中华人民共和国安全生产法》规定，生产经营单位的从业人员有权了解其作业场所和工作岗位存在的危险因素、防范措施及事故应急措施，有权对本单位的安全生产工作提出建议。　　　　　　　　　　　（　　）

答案：√

24.《中华人民共和国安全生产法》规定，生产经营单位的从业人员经现场负责人同意，有权拒绝违章指挥和强令冒险作业。　　　　　　（　　）

答案：×

改正：生产经营单位的从业人员有权拒绝违章指挥和强令冒险作业。

25.《中华人民共和国安全生产法》规定，从业人员发现事故隐患或者其他不安全因素，可立即撤离作业场所。　　　　　　　　　　　（　　）

答案：×

改正：从业人员发现事故隐患或者其他不安全因素，应当立即向现场安全生产管理人员或者本单位负责人报告；接到报告的人员应当及时予以处理。

26.《中华人民共和国安全生产法》规定，生产经营单位的主要负责人未履行本法规定的安全生产管理职责的，导致发生生产安全事故的，给予撤职处分；构成犯罪的，依照刑法有关规定追究刑事责任。　　　　　　　　　　（　　）

答案：√

27.《中华人民共和国安全生产法》规定，生产经营单位的主要负责人对重大、特别重大生产安全事故负有责任的，五年内不得担任本行业生产经营单位的主要负责人。　　　　　　　　　　　　　　　　　　　（　　）

答案：×

改正：生产经营单位的主要负责人对重大、特别重大生产安全事故负有责任的，终身不得担任本行业生产经营单位的主要负责人。

28.《中华人民共和国安全生产法》规定，生产经营单位的主要负责人未履行本法规定的安全生产管理职责，发生较大事故的，处上一年年收入百分之五十的罚款。　　　　　　　　　　　　　　　　　　　　　　（　　）

答案：×

改正：生产经营单位的主要负责人未履行本法规定的安全生产管理职责，发生较大事故的，处上一年年收入百分之四十的罚款。

29.《中华人民共和国安全生产法》规定，生产经营单位的主要负责人未履行本法规定的安全生产管理职责，发生重大事故的，处上一年年收入百分之六十的罚款。　　　　　　　　　　　　　　　　　　　　　　（　　）

答案：√

30.《中华人民共和国安全生产法》规定，生产经营单位的主要负责人未履行本法规定的安全生产管理职责，发生特别重大事故的，处上一年年收入百分之八十的罚款。　　　　　　　　　　　　　　　　　　　　（　　）

答案：√

31.《中华人民共和国安全生产法》规定，发生一般事故，对负有责任的生产经营单位处十万元以上五十万元以下的罚款。　　　　　　　（　　）

答案：×

改正：发生一般事故，对负有责任的生产经营单位处二十万元以上五十万元以下的罚款。

32.《中华人民共和国安全生产法》规定，发生较大事故，对负有责任的生产经营单位处处二十万元以上一百万元以下的罚款。　　　　　（　　）

答案：×

改正：发生较大事故，对负有责任的生产经营单位处五十万元以上一百万元以下的罚款。

33.《中华人民共和国安全生产法》规定，发生重大事故，对负有责任的生产经营单位处一百万元以上五百万元以下的罚款。 （ ）

答案：√

34. 根据《中华人民共和国网络安全法》，网络运营者为用户办理网络接入、域名注册服务，办理固定电话、移动电话等入网手续，或者为用户提供信息发布、即时通信等服务，在与用户签订协议或者确认提供服务时，应当要求用户提供身份信息。 （ ）

答案：×

改正：网络运营者为用户办理网络接入、域名注册服务，办理固定电话、移动电话等入网手续，或者为用户提供信息发布、即时通信等服务，在与用户签订协议或者确认提供服务时，应当要求用户提供真实身份信息。

35. 根据《中华人民共和国网络安全法》，国家对公共通信和信息服务、能源、交通、水利、金融、公共服务、电子政务等重要行业和领域，以及其他一旦遭到破坏、丧失功能或者数据泄露，可能严重危害国家安全、国计民生、公共利益的关键信息基础设施，在网络安全等级保护制度的基础上，实行重点保护。 （ ）

答案：√

36. 根据《中华人民共和国网络安全法》，个人发现网络运营者违反法律、行政法规的规定或者双方的约定收集、使用其个人信息的，有权要求网络运营者删除其个人信息。 （ ）

答案：√

37. 根据《中华人民共和国网络安全法》，任何个人和组织发送的电子信息、提供的应用软件，不得设置恶意程序，不得含有法律、行政法规禁止发布或者传输的信息。 （ ）

答案：√

38. 根据《生产安全事故报告和调查处理条例》，情况紧急时，事故现场有关人员可以直接向事故发生地县级以上人民政府安全生产监督管理部门和负有安全生产监督管理职责的有关部门报告。 （ ）

答案：√

39. 根据《生产安全事故报告和调查处理条例》，事故发生后，有关单位和人员应当妥善保护事故现场以及相关证据，任何单位和个人不得以任何理由移动事故现场物件。　　　　　　　　　　　　　　　　　　　（　　）

答案：×

改正：事故发生后，有关单位和人员应当妥善保护事故现场以及相关证据，任何单位和个人不得破坏事故现场、毁灭相关证据。因抢救人员、防止事故扩大以及疏通交通等原因，需要移动事故现场物件的，应当做出标志，绘制现场简图并做出书面记录，妥善保存现场重要痕迹、物证。

40. 根据《生产安全事故报告和调查处理条例》，未造成人员伤亡的一般事故，县级人民政府也可以委托事故发生单位组织事故调查组进行调查。（　　）

答案：√

41. 根据《生产安全事故报告和调查处理条例》，事故发生单位负责人接到事故报告后，应立即组织召开安全生产委员会会议，商讨应对方案，随即启动事故相应应急预案，或者采取有效措施，组织抢救，防止事故扩大，减少人员伤亡和财产损失。　　　　　　　　　　　　　　　　　　　　　　　　　（　　）

答案：×

改正：事故发生单位负责人接到事故报告后，应当立即启动事故相应应急预案，或者采取有效措施，组织抢救，防止事故扩大，减少人员伤亡和财产损失。

42. 根据《生产安全事故报告和调查处理条例》，事故发生单位的负责人和有关人员在事故调查期间不得擅离职守，并应当随时接受事故调查组的询问，如实提供有关情况。　　　　　　　　　　　　　　　　　　　　　　（　　）

答案：√

43. 根据《电力安全事故应急处置和调查处理条例》，事故危及人身和设备安全的，发电厂、变电站运行值班人员应在事故调查明确事故原因后，方能采取停运发电机组和输变电设备等紧急处置措施。　　　　　　　　　　（　　）

答案：×

改正：事故危及人身和设备安全的，发电厂、变电站运行值班人员可以按照有关规定，立即采取停运发电机组和输变电设备等紧急处置措施。

44. 根据《电力安全事故应急处置和调查处理条例》，事故造成电力设备、设施损坏的，有关电力企业应当立即开展事故调查，查明事故原因后，方可组织抢修。　　　　　　　　　　　　　　　　　　　　　　　　　　（　　）

答案：×

改正：事故造成电力设备、设施损坏的，有关电力企业应当立即组织抢修。

45.《电力安全事故应急处置和调查处理条例》规定，根据事故的具体情况，电力调度机构可以发布开启或者关停发电机组、调整发电机组有功和无功负荷、调整电网运行方式、调整供电调度计划等电力调度命令，发电企业、电力用户应当执行。　　　　　　　　　　　　　　　　　　　　　（　　）

答案：√

46. 根据《电力安全事故应急处置和调查处理条例》，发生一般事故，事故发生地电力监管机构可委托事故发生单位调查处理。　　　（　　）

答案：×

改成：未造成供电用户停电的一般事故，事故发生地电力监管机构也可以委托事故发生单位调查处理。

47. 根据《电力安全事故应急处置和调查处理条例》，省、自治区人民政府所在地城市 30%以上 50%以下供电用户停电属于重大事故。　　（　　）

答案：×

根据《电力安全事故应急处置和调查处理条例》，省、自治区人民政府所在地城市 30%以上 50%以下供电用户停电属于较大事故。

48.《国家电网公司关于强化本质安全的决定》规定，本质安全是内在的预防和抵御事故风险的能力，其实质是企业建设、电网结构、设备质量、工作制度等核心要素的统一。　　　　　　　　　　　　　　　　　　（　　）

答案：×

改正：《国家电网公司关于强化本质安全的决定》规定，本质安全是内在的预防和抵御事故风险的能力，其实质是队伍建设、电网结构、设备质量、工作制度等核心要素的统一。

49.《国家电网公司关于强化本质安全的决定》规定，强化本质安全是深入做好安全工作的必然要求，是确保安全的治本之策。　　　　　（　　）

答案：√

50.《国家电网公司关于强化本质安全的决定》规定，夯实电网设备安全基础，落实业主、设计、施工、监理、制造责任，严格建设质量管控，严把验收关，做到合格投产。　　　　　　　　　　　　　　　　　　（　　）

答案：×

改正：《国家电网公司关于强化本质安全的决定》规定，夯实电网设备安全基础，落实业主、设计、施工、监理、制造责任，严格建设质量管控，严把验收关，做到"零缺陷"投产。

51.《国家电网公司关于强化本质安全的决定》规定，大修技改等项目方案

必须严格履行审查、批准手续，强化作业管理和技术保障。　　（　　）

答案：√

52.《国家电网公司关于强化本质安全的决定》规定，严格执行《电网运行风险预警管控工作规范》，强化电网运行"年方式、月计划、周安排、日管控"工作机制，落实"先降后控"原则，全面评估风险，及时发布预警，用足管控措施，确保风险可控。　　（　　）

答案：√

53.《国家电网公司关于强化本质安全的决定》规定，严格执行《生产作业安全管控标准化工作规范》，加强计划柔性管理，组织作业风险评估，开展安全承载力分析，严格"两票三制"执行，强化现场监督检查。　　（　　）

答案：×

改正：《国家电网公司关于强化本质安全的决定》规定，严格执行《生产作业安全管控标准化工作规范》，加强计划刚性管理，组织作业风险评估，开展安全承载力分析，严格"两票三制"执行，强化现场监督检查。

54.《国家电网公司关于强化本质安全的决定》规定，突出正向激励，对实现安全百日个数、安全长周期、年度安全目标的单位和先进个人，以及及时发现一般缺陷隐患、正确果断处置故障并有效避免事故发生的个人，给予表扬和奖励。　　（　　）

答案：×

改正：《国家电网公司关于强化本质安全的决定》规定，突出正向激励，对实现安全百日个数、安全长周期、年度安全目标的单位和先进个人，以及及时发现重大缺陷隐患、正确果断处置故障并有效避免事故发生的个人，给予表扬和奖励。

55.《国家电网公司安全工作规定》要求：地市供电企业、县供电企业安全监督管理机构由主管生产的行政副职主管。　　（　　）

答案：×

改正：地市供电企业、县供电企业安全监督管理机构由行政正职主管。

56. 根据《国家电网公司安全工作规定》，省公司级单位、地市公司级单位、县公司级单位及他们所属的检修、运行、发电、煤矿企业（单位）每年应编制年度安全技术措施计划及项目安全施工措施。　　（　　）

答案：×

改正：省公司级单位、地市公司级单位、县公司级单位及他们所属的检修、运行、发电、煤矿企业（单位）每年应编制年度反事故措施计划和安全技术劳动保护措施计划。

57. 根据《国家电网公司安全工作规定》，安全监督管理机构负责监督反事故措施计划和安全技术劳动保护措施计划的实施，并建立相应的考核机制，对存在的问题应及时向主管领导汇报。　　　　　　　　（　　）

答案：√

58. 根据《国家电网公司安全工作规定》，特种作业人员，应经专门培训，并经考试合格取得资格、单位书面批准和至少2个月的跟班实习后，方能参加相应的作业。　　　　　　　　（　　）

答案：×

改正：特种作业人员，应经专门培训，并经考试合格取得资格、单位书面批准后，方能参加相应的作业。

59. 根据《国家电网公司安全工作规定》，省公司级单位对所属地市公司级单位的领导、安全监督管理机构负责人，一般每年进行一次有关安全法律法规和规章制度考试。　　　　　　　　（　　）

答案：×

改正：省公司级单位对所属地市公司级单位的领导、安全监督管理机构负责人，一般每两年进行一次有关安全法律法规和规章制度考试。

60.《国家电网公司安全工作规定》要求：对违反规程制度造成安全事故、严重未遂事故的责任者，除按有关规定处理外，还应责成其学习有关规程制度，并经考试合格后，方可重新上岗。　　　　　　　　（　　）

答案：√

61.《国家电网公司安全工作规定》要求：省公司级单位应每半年召开一次安全监督例会，地市公司级单位、县公司级单位应每季度召开一次安全网例会。

（　　）

答案：×

改正：省公司级单位应每半年召开一次安全监督例会，地市公司级单位、县公司级单位应每月召开一次安全网例会。

62. 根据《国家电网公司安全工作规定》，班前会应结合当班运行方式、工作任务，开展安全风险分析，布置风险预控措施，组织交待工作任务、作业风险和安全措施，检查个人安全工器具、个人劳动防护用品和人员精神状况。

（　　）

答案：√

63.《国家电网公司安全工作规定》要求：公司各级单位应不定期进行安全

123

检查，组织进行春季、秋季等季节性安全检查，组织开展各类专项安全检查。 （　　）

答案：×

改正：公司各级单位应定期和不定期进行安全检查，组织进行春季、秋季等季节性安全检查，组织开展各类专项安全检查。

64.《国家电网公司安全工作规定》要求：公司所属各级单位应建立"两票"管理制度，分层次对操作票和工作票进行分析、评价和考核，基层单位每两年至少进行一次"两票"知识调考。 （　　）

答案：×

改正：公司所属各级单位应建立"两票"管理制度，分层次对操作票和工作票进行分析、评价和考核，基层单位每年至少进行一次"两票"知识调考。

65.《国家电网公司安全工作规定》要求：公司各级单位应建立预防违章和查处违章的工作机制，开展违章自查、互查和稽查，采用违章曝光和违章记分等手段，加大反违章力度。 （　　）

答案：√

66. 根据《国家电网公司安全工作规定》，公司各级单位应开展电网 3～5 年滚动分析校核及年度电网运行方式分析工作，全面评估电网运行情况、安全稳定措施落实情况及其实施效果，分析预测电网安全运行面临的风险，组织制定专项治理方案。 （　　）

答案：×

改正：公司各级单位应开展电网 2～3 年滚动分析校核及年度电网运行方式分析工作，全面评估电网运行情况、安全稳定措施落实情况及其实施效果，分析预测电网安全运行面临的风险，组织制定专项治理方案。

67. 根据《国家电网公司安全工作规定》，对安全性评价查评发现的问题，应建立定期跟踪和督办工作机制；对暂不能完成整改的重点问题，应加强跟踪监视。 （　　）

答案：×

改正：对安全性评价查评发现的问题，应建立定期跟踪和督办工作机制；对暂不能完成整改的重点问题，要制定落实预控措施和应急预案。

68.《国家电网公司安全工作规定》要求：公司各级单位应针对运维、检修、施工等生产作业活动，从计划编制、作业组织、现场实施等关键环节，分析辨识作业安全风险，开展安全承载能力分析，实施作业安全风险预警，制定落实风险管控措施，落实到岗到位要求。 （　　）

答案：√

69.《国家电网公司安全工作规定》要求：突发事件发生后，事发单位要先及时向上级和所在地人民政府及有关部门报告，再做好先期处置。根据突发事件性质、级别，按照分级响应要求，组织开展应急处置与救援。 （ ）

答案：×

改正：突发事件发生后，事发单位要做好先期处置，并及时向上级和所在地人民政府及有关部门报告。根据突发事件性质、级别，按照分级响应要求，组织开展应急处置与救援。

70.《国家电网公司安全工作规定》要求：承、发包工程和委托业务，因承包方责任造成的发包方设备、电网事故，由承包方负责调查、统计上报，发包方可不被考核。 （ ）

答案：×

改正：因承包方责任造成的发包方设备、电网事故，由发包方负责调查、统计上报，无论任何原因均对发包方进行考核。

71. 根据《国家电网公司安全工作规定》，按照"谁使用、谁负责"原则，外来工作人员的安全管理和事故统计、考核与本单位职工同等对待。（ ）

答案：√

72.《国家电网公司安全工作规定》要求：公司各级单位应按照职责管理范围，对发生安全事故（事件）的单位及责任人进行责任追究和处罚，对造成后果的单位和个人，在评先、评优等方面实行"一票否决制"。 （ ）

答案：√

73. 根据《国家电网公司安全工作规定》，公司实行安全事故"说清楚"制度，发生事故的单位应在限定时间内向全体职工说清楚。 （ ）

答案：×

改正：公司实行安全事故"说清楚"制度，发生事故的单位应在限定时间内向上级单位说清楚。

74. 根据《国家电网公司安全工作规定》，生产经营单位主要领导、分管领导因安全事故受到撤职处分的，自受处分之日起，终身不得担任任何生产经营单位的主要领导。 （ ）

答案：×

改正：生产经营单位主要领导、分管领导因安全事故受到撤职处分的，自受处分之日起，五年内不得担任任何生产经营单位的主要领导。

75. 根据《国家电网公司安全工作奖惩规定》，安全奖惩坚持精神鼓励与物

质奖励相结合、思想教育与培训相结合的原则。　　　　　（　　）

答案：×

改正：根据《国家电网公司安全工作奖惩规定》，安全奖惩坚持精神鼓励与物质奖励相结合、思想教育与处罚相结合的原则。

76. 根据《国家电网公司安全工作奖惩规定》，公司各级安质部门，负责落实对相关责任人员的奖惩。　　　　　　　　　　　（　　）

答案：×

改正：根据《国家电网公司安全工作奖惩规定》，公司各级人事（人董、人资）部门，负责落实对相关责任人员的奖惩。

77. 国家电网公司按照《国家电网公司企业负责人年度业绩考核管理办法》，每年对省级公司安全第一责任人及领导班子成员进行考核奖励。（　　）

答案：√

78. 根据《国家电网公司安全工作奖惩规定》，实现安全目标的基层单位、安全生产先进个人，由本单位提出申请，经省级公司评选审查后，报所在地电力监管委员会审批。　　　　　　　　　　　　　　　（　　）

答案：×

改正：根据《国家电网公司安全工作奖惩规定》，实现安全目标的基层单位、安全生产先进个人，由本单位提出申请，经省级公司评选审查后，报国家电网公司审批。

79. 根据《国家电网公司安全工作奖惩规定》，安全生产纳入各级单位全员绩效考核，对实现安全目标的单位、安全生产先进个人及所属生产性企业实现连续安全生产 100 天等，在绩效考核中给予加分奖励，兑现绩效奖金。

（　　）

答案：√

80. 根据《国家电网公司安全工作奖惩规定》，国家电网公司所属各级单位发生特别重大事故，负次要责任的，对省级公司有关分管领导给予警告至降级处分。　　　　　　　　　　　　　　　　　　　（　　）

答案：×

改正：根据《国家电网公司安全工作奖惩规定》，国家电网公司所属各级单位发生特别重大事故，负次要责任的，对省级公司有关分管领导给予记过至撤职处分。

81. 根据《国家电网公司安全工作奖惩规定》，发生重大事故（二级人身、电网、设备事件），负主要及同等责任，对有关责任人员给予 15 000～25 000

元的经济处罚。　　　　　　　　　　　　　　　　　　　　　（　　）

答案：×

改正：根据《国家电网公司安全工作奖惩规定》，发生重大事故（二级人身、电网、设备事件），负主要及同等责任，对上述有关责任人员给予 20 000～40 000 元的经济处罚。

82. 根据《国家电网公司安全工作奖惩规定》，国家电网公司所属各级单位发生重大事故（二级人身、电网、设备事件），负主要及同等责任的，对主要责任者、同等责任者给予留用察看一年至解除劳动合同处分。　　　（　　）

答案：×

改正：根据《国家电网公司安全工作奖惩规定》，国家电网公司所属各级单位发生重大事故（二级人身、电网、设备事件），对主要责任者、同等责任者给予留用察看两年至解除劳动合同处分。

83. 根据《国家电网公司安全工作奖惩规定》，国家电网公司所属各级单位发生重大事故（二级人身、电网、设备事件），负主要及同等责任，对主要责任者所在单位二级机构负责人给予撤职至留用察看一年处分。　　　（　　）

答案：√

84. 根据《国家电网公司安全工作奖惩规定》，发生较大事故（三级人身、电网、设备事件），负次要责任，对事故责任单位（基层单位）主要领导给予记过至记大过处分。　　　　　　　　　　　　　　　　　　　（　　）

答案：×

改正：根据《国家电网公司安全工作奖惩规定》，发生较大事故（三级人身、电网、设备事件），负次要责任，对事故责任单位（基层单位）主要领导给予通报批评或警告处分。

85. 根据《国家电网公司安全工作奖惩规定》，国家电网公司所属各级单位发生较大事故（三级人身、电网、设备事件），负次要责任的，对主要责任者、同等责任者给予记过处分。　　　　　　　　　　　　　　（　　）

答案：×

改正：国家电网公司所属各级单位发生较大事故（三级人身、电网、设备事件），负次要责任的，对主要责任者、同等责任者给予留用察看一年至两年处分。

86. 根据《国家电网公司安全工作奖惩规定》，国家电网公司所属各级单位发生四级人身事件，对主要责任者给予记过至留用察看两年处分。　（　　）

答案：×

改正：国家电网公司所属各级单位发生四级人身事件，对主要责任者给予记过至解除劳动合同处分。

87. 根据《国家电网公司安全工作奖惩规定》，国家电网公司所属各级单位发生五级事件（人身、电网、设备、信息系统），对事故责任单位（基层单位）有关领导及有关责任人员给予 3000～5000 元的经济处罚。　　　　　（　　）

答案：√

88. 根据《国家电网公司安全工作奖惩规定》，国家电网公司所属各级单位发生六级事件（人身、电网、设备、信息系统），对事故责任单位（基层单位）有关分管领导、责任者所在单位二级机构负责人及有关责任人员给予 3000～5000 元的经济处罚。　　　　　（　　）

答案：×

改正：国家电网公司所属各级单位发生六级事件（人身、电网、设备、信息系统），对事故责任单位（基层单位）有关分管领导、责任者所在单位二级机构负责人及上述有关责任人员给予 2000～3000 元的经济处罚。

89. 根据《国家电网公司安全工作奖惩规定》，国家电网公司所属各级单位发生八级事件（人身、电网、设备、信息系统），对主要责任者给予通报批评。

（　　）

答案：√

90. 根据《国家电网公司安全工作奖惩规定》，国家电网公司所属各级单位发生特大、重大交通事故，依据事故调查结论，对有关单位和人员参照《国家电网公司安全工作奖惩规定》中五级事件相关条款处罚。　　　　　（　　）

答案：×

改正：国家电网公司所属各级单位发生特大、重大交通事故，依据事故调查结论，对有关单位和人员参照《国家电网公司安全工作奖惩规定》中较大事故（三级人身、电网、设备事件）、一般事故（四级人身、电网、设备事件）相关条款处罚。

91. 根据《国家电网公司安全工作奖惩规定》，国家电网公司所属各单位同一年内发生 2 次及以上特别重大、重大、较大或一般事故，对同一事故单位第 2 次及以上事故，按照相关条款上限或提高一个事故等级的处罚标准进行处罚。

（　　）

答案：×

改正：国家电网公司所属各单位半年内发生 2 次及以上特别重大、重大、较大或一般事故，对同一事故单位第 2 次及以上事故，按照相关条款上限或提高一个事故等级的处罚标准进行处罚。

92. 根据《国家电网公司安全工作奖惩规定》，国家电网公司所属各级单位发生事故后，拒绝接受调查或拒绝提供有关情况和资料的，对有关单位和人员按照至少提高一个事故等级的处罚标准进行处罚，对主要策划者和决策人按事故主要责任者给予处罚。　　　　　　　　　　　　　　　　（　　）

答案：√

93. 根据《国家电网公司安全工作奖惩规定》，发生安全事故政府有关部门对事故相关责任人员进行了经济处罚的，国家电网公司不再对其进行经济处罚。

（　　）

答案：√

94.《国家电网公司安全职责规范》规定，各级行政副职协助行政正职开展工作，是分管工作范围内的安全第一责任人，对分管工作范围内的安全工作负领导责任。　　　　　　　　　　　　　　　　　　　　　　（　　）

答案：√

95.《国家电网公司安全职责规范》所列各项职责是基于"公司"工作流程和专业特点进行编写，规范了"公司"各级人员、职能管理部门、业务支撑和实施机构的全部安全职责。　　　　　　　　　　　　　　（　　）

答案：×

改正：《国家电网公司安全职责规范》所列各项职责是基于"公司"工作流程和专业特点进行编写，规范了"公司"各级人员、职能管理部门、业务支撑和实施机构的基本安全职责。

96.《国家电网公司安全职责规范》规定，行政正职负责建立健全并落实本单位各级领导和管理人员、各职能部门的安全责任制。　　　（　　）

答案：×

改正：《国家电网公司安全职责规范》规定，行政正职负责建立健全并落实本单位各级人员、各职能部门的安全责任制。

97. 根据《国家电网公司安全职责规范》，地市公司级单位、县公司级单位行政正职直接领导安监部门，定期听取安监部门的汇报，建立能独立有效行使职能的安监部门。　　　　　　　　　　　　　　　　　　（　　）

答案：√

98.《国家电网公司安全职责规范》规定，分管生产领导负责组织确定本单位年度安全工作目标，实行安全目标分级控制，审定有关安全工作的重大举措。　　　　　　　　　　　　　　　　　　　　　　　　（　　）

答案：×

改正：《国家电网公司安全职责规范》规定，行政正职负责组织确定本单位年度安全工作目标，实行安全目标分级控制，审定有关安全工作的重大举措。

99. 根据《国家电网公司安全职责规范》，分管规划工作行政副职负责组织电网规划、设计审查，实行电网统一规划、设计，并坚持科学合理，安全经济，效益优先的原则，防止资源浪费。   （ ）

答案：×

改正：分管规划工作行政副职负责组织电网规划、设计审查，实行电网统一规划、设计，并坚持科学合理，安全经济，安全优先的原则，防止资源浪费。

100.《国家电网公司安全职责规范》规定，总工程师（分管副职）负责组织编审年度"两措"计划，做到任务、时间、费用、措施、考核"五落实"，监督检查实施进展情况，并根据需要及时进行完善和调整。   （ ）

答案：×

改正：《国家电网公司安全职责规范》规定，总工程师（分管副职）负责组织编审年度"两措"计划，做到任务、时间、费用、措施、责任人"五落实"，监督检查实施进展情况，并根据需要及时进行完善和调整。

101.《国家电网公司安全职责规范》规定，总经济师负责组织分析安全生产工作的安全保障措施经济指标，并制定安全技术经济指标。   （ ）

答案：√

102.《国家电网公司安全职责规范》规定，安全总监负责依据国家颁布的有关法律、法规及技术标准，建立健全安全责任制，对有关规章制度的执行落实进行监督检查。   （ ）

答案：×

改正：《国家电网公司安全职责规范》规定，安全总监负责依据国家颁布的有关法律、法规及技术标准，协助单位领导，建立健全安全责任制，对有关规章制度的执行落实进行监督检查。

103.《国家电网公司安全职责规范》规定，基层单位二级机构（工地、分场、工区、室、所、队等）主要负责人负责组织实施上级下达的"两措"计划。结合安全性评价结果，组织编制本单位的年度"两措"计划，经审批后组织实施。   （ ）

答案：√

104.《国家电网公司安全职责规范》规定：班组长负责制定本班组年度安全培训计划，做好新入职人员、变换岗位人员的安全教育培训和考试；培训班组人员正确使用劳动保护用品和安全设施。　　　　　　　　　　（　　）

答：×

改正：《国家电网公司安全职责规范》规定：班组安全员负责制定本班组年度安全培训计划，做好新入职人员、变换岗位人员的安全教育培训和考试；培训班组人员正确使用劳动保护用品和安全设施。

105. 根据《国家电网公司安全职责规范》，班组长负责本班组安全工器具的保管、定期校验，确保安全防护用品及安全工器具处于完好状态。（　　）

答：×

改正：班组安全员负责本班组安全工器具的保管、定期校验，确保安全防护用品及安全工器具处于完好状态。

106. 根据《国家电网公司安全职责规范》，班组员工在发现直接危及人身、电网和设备安全的紧急情况时，应先报告，待明确处理措施前，不得擅自离开现场。　　　　　　　　　　　　　　　　　　　　　　　（　　）

答：×

改正：有权拒绝违章指挥和强令冒险作业，发现异常情况及时处理和报告。在发现直接危及人身、电网和设备安全的紧急情况时，有权停止作业或在采取可能的紧急措施后撤离作业场所，并立即报告。

107.《国家电网公司安全职责规范》规定：各级职能管理部门负责建立健全专业管理工作范围内的安全管理体系。对所承担工作范围内的安全工作负全部管理责任。　　　　　　　　　　　　　　　　　　　　（　　）

答：×

改正：各级职能管理部门负责建立健全专业管理工作范围内的安全管理体系。对所承担工作范围内的安全工作负直接管理责任。

108. 根据《国家电网公司安全职责规范》，安全监察质量部（保卫部）负责对本单位进行全面安全监督，监督各级人员、各部门安全生产责任制的落实。　　　　　　　　　　　　　　　　　　　　　　（　　）

答：√

109. 根据《国家电网公司安全职责规范》，安全监察质量部（保卫部）根据季节特点，适时组织专项安全检查及隐患排查治理；检查安全性评价工作，对安全性评价查评出的问题督促有关部门整改落实。　　　　　　（　　）

答：√

110. 根据《国家电网公司安全职责规范》，人力资源部（社保中心）负责审查本单位各所属单位安监部门的资质和人员资格。督促检查各级各部门安全监督体系人员、装备等状况，确保符合安全管理与监督工作要求。
（　　）

答：×

改正：安全监察质量部（保卫部）负责审查本单位各所属单位安监部门的资质和人员资格。督促检查各级各部门安全监督体系人员、装备等状况，确保符合安全管理与监督工作要求。

111. 根据《国家电网公司安全职责规范》，安全监察质量部（保卫部）参加和协助本单位领导组织安全事故调查，监督"四不放过"原则的贯彻落实，完成事故统计、分析、上报工作并提出考核意见。
（　　）

答：√

112. 根据《国家电网公司安全职责规范》，安监部负责监督检查所属施工企业和投资建设管理项目规范使用安全生产费，保证工程现场满足施工安全标准化要求，做到专款专用。
（　　）

答：×

改正：建设部负责监督检查所属施工企业和投资建设管理项目规范使用安全生产费，保证工程现场满足施工安全标准化要求，做到专款专用。

113. 根据《国家电网公司安全职责规范》，在干部考核、选拔、任用过程中，把安全生产工作业绩作为考察干部的重要内容。
（　　）

答：√

114.《国家电网公司安全事故调查规程》（2017 修正版）规定：一次事故造成 3 人以上 10 人以下死亡，或者 10 人以上 50 人以下重伤者可以判定为重大人身事故。
（　　）

答：×

改正：一次事故造成 3 人以上 10 人以下死亡，或者 10 人以上 50 人以下重伤者可以判定为较大人身事故（三级人身事件）。

115.《国家电网公司安全事故调查规程》（2017 修正版）规定：无人员死亡和重伤，但造成 10 人以上轻伤者可以判定为三级人身事件。
（　　）

答：×

改正：无人员死亡和重伤，但造成 10 人以上轻伤者可以判定为五级人身事件。

116.《国家电网公司安全事故调查规程》（2017 修正版）规定：无人员死亡

和重伤，但造成 1~2 人轻伤者定义为八级人身事件。　　　（　　）

答：√

117.《国家电网公司安全事故调查规程》（2017 修正版）规定：一次事故造成 2 人以下死亡，或者 5 人以下重伤者为一般人身事故（四级人身事件）。
　　　　　　　　　　　　　　　　　　　　　　　　　　　（　　）

答：√

118.《国家电网公司安全事故调查规程》（2017 修正版）规定：造成直辖市电网减供负荷 20% 以上 50% 以下、或者 30% 以上 60% 以下的供电用户停电者定义为较大电网事故（三级电网事件）。　　　　　　　　　　　（　　）

答：×

改正：造成直辖市电网减供负荷达到 10% 以上 20% 以下、或者 15% 以上 30% 以下供电用户停电者定义为较大电网事故（三级电网事件）。

119.《国家电网公司安全事故调查规程》（2017 修正版）规定：一次事件造成同一变电站内两台以上 110kV（含 66kV）主变压器跳闸定为六级电网事件。
　　　　　　　　　　　　　　　　　　　　　　　　　　　（　　）

答：√

120.《国家电网公司安全事故调查规程》（2017 修正版）规定：造成区域性电网减供负荷 10% 以上 30% 以下者为重大电网事故（二级电网事件）。
　　　　　　　　　　　　　　　　　　　　　　　　　　　（　　）

答：√

121.《国家电网公司安全事故调查规程》（2017 修正版）规定：变电站内 500kV 以上任一电压等级母线非计划全停为五级电网事件。　　（　　）

答：×

改正：变电站内 220kV 以上任一电压等级母线非计划全停为五级电网事件。

122.《国家电网公司安全事故调查规程》（2017 修正版）规定：220kV 以上 500kV 以下断路器发生套管、灭弧室或支柱瓷套爆裂，定为六级设备事件。
　　　　　　　　　　　　　　　　　　　　　　　　　　　（　　）

答：√

123.《国家电网公司安全事故调查规程》（2017 修正版）规定：10kV 以上电气设备发生下列恶性电气误操作：带负荷误拉（合）隔离开关、带电挂（合）接地线（接地开关）、带接地线（接地开关）合断路器（隔离开关），定为四级设备事件。　　　　　　　　　　　　　　　　　　　　　　　（　　）

答：×

改正：10kV 以上电气设备发生下列恶性电气误操作：带负荷误拉（合）隔离开关、带电挂（合）接地线（接地开关）、带接地线（接地开关）合断路器（隔离开关），定为五级设备事件。

124.《国家电网公司安全事故调查规程》（2017 修正版）规定：3kV 以上电气设备，因继电保护及安全自动装置人员误动、误碰、误（漏）接线使主设备异常运行或被迫停运的属于五级设备事件。　　　　（　　）

答：×

改正：3kV 以上电气设备，因继电保护及安全自动装置人员误动、误碰、误（漏）接线使主设备异常运行或被迫停运的属于六级设备事件。

125.《国家电网公司安全事故调查规程》（2017 修正版）规定：造成 1 亿元以上直接经济损失者为特别重大设备事故（一级设备事件）。　（　　）

答：√

126.《国家电网公司安全事故调查规程》（2017 修正版）规定：通信系统出现县供电公司级单位本部通信站通信业务全部中断，且持续时间 8h 以上属于八级设备事件。　　　　　　　　　　　　　　　　（　　）

答：×

改正：通信系统出现县供电公司级单位本部通信站通信业务全部中断，且持续时间 8h 以上属于七级设备事件。

127.《国家电网公司安全事故调查规程》（2017 修正版）规定：装机容量600MW 以下发电厂、220kV 以上 500kV 以下变电站的厂（站）用直流全部失电使主设备异常运行或被迫停运的属于六级设备事件。　　　（　　）

答：×

改正：装机容量 600MW 以下发电厂、220kV 以上 500kV 以下变电站的厂（站）用直流全部失电使主设备异常运行或被迫停运的属于七级设备事件。

128.《国家电网公司安全事故调查规程》（2017 修正版）规定：数据（网页）遭篡改、假冒、泄露或窃取，对公司安全生产、经营活动或社会形象产生特别重大影响，定为五级信息系统事件。　　　　　　　　　（　　）

答：√

129.《国家电网公司安全事故调查规程》（2017 修正版）规定：次要责任，承担事故发生或扩大次要原因的责任者，不包括一定责任和连带责任。　（　　）

答：×

改正：次要责任，承担事故发生或扩大次要原因的责任者，包括一定责任和连带责任。

130.《国家电网公司安全事故调查规程》（2017 修正版）规定：公司系统外单位承包系统内工作，发生由系统内单位负同等以下责任的人身事故统计为外包事故。　　　　　　　　　　　　　　　　　　　　　　（　　）

答：√

131.《国家电网公司安全事故调查规程》（2017 修正版）规定：公司系统内基建工程或技改项目，验收移交生产前发生的设备事故，均由建设单位统计。　　　　　　　　　　　　　　　　　　　　　　　（　　）

答：√

132.《国家电网公司安全事故调查规程》（2017 修正版）规定：同一个供电（输电）单位的几条线路或几个变电站，由于同一次自然灾害，如暴风、雷击、地震、洪水、泥石流等原因，发生多条线路、多个变电站跳闸停运时，可统计为一次事故。　　　　　　　　　　　　　　　　　（　　）

答：√

133.《国家电网公司安全事故调查规程》（2017 修正版）规定：电网事故涉及一个省（自治区、直辖市）内多行政区域的，事故等级不同的按低等级统计一次；事故等级相同的统计为管辖这些行政区域电网的上级单位的电网事故。　　　　　　　　　　　　　　　　　　　　（　　）

答：×

改正：电网事故涉及一个省（自治区、直辖市）内多行政区域的，事故等级不同的按高等级统计一次；事故等级相同的统计为管辖这些行政区域电网的上级单位的电网事故。

134.《国家电网公司安全事故调查规程》（2017 修正版）规定：公司系统各单位事故发生后，事故现场有关人员应当立即向本单位现场负责人报告。现场负责人接到报告后，应立即向本单位负责人报告。　　　（　　）

答：√

135.《国家电网公司安全事故调查规程》（2017 修正版）规定：发生七级人身、电网、设备和信息系统事件，应立即按资产关系或管理关系上报至上一级管理单位。　　　　　　　　　　　　　　　　　　　（　　）

答：√

136.《国家电网公司安全事故调查规程》（2017 修正版）规定：安全事故报告应及时、准确、完整，任何单位和个人对事故不得迟报、漏报、谎报或者瞒报。必要时，可以越级上报事故情况。　　　　　　　　　（　　）

答：√

137.《国家电网公司安全事故调查规程》（2017 修正版）规定：开工前未对承包方负责人、工程技术人员和安监人员进行应由发包方交代的安全技术交底，且没有完整的记录，造成事故的，确认为本单位负次要责任。　　（　　）

答：×

改正：开工前未对承包方负责人、工程技术人员和安监人员进行应由发包方交代的安全技术交底，且没有完整的记录，造成事故的，确认为本单位负同等以上责任。

138.《国家电网公司安全事故调查规程》（2017 修正版）规定：五级人身、五级以上电网、较大（三级）以上设备事故，以及五级信息系统事件由国家电网公司或其授权的分部、省电力公司、国家电网公司直属公司组织调查。　　　　　　　　　　　　　　　（　　）

答：×

改正：一般（四级）以上人身、五级以上电网、较大（三级）以上设备事故，以及五级信息系统事件由国家电网公司或其授权的分部、省电力公司、国家电网公司直属公司组织调查。

139.《国家电网公司安全事故调查规程》（2017 修正版）规定：为了抢救人员生命而紧急停止设备运行构成的事故，中断事故发生单位的安全记录。　　　　　　　　　　　　　　　　　　　　　（　　）

答：×

改正：为了抢救人员生命而紧急停止设备运行构成的事故，为免责条款，不中断事故发生单位的安全记录。

140.《国家电网公司大面积停电事件应急预案》规定：国家电网公司大面积停电事件中，根据事态发展，经研判不会发生大面积停电事件时，预警自动解除。　　　　　　　　　　　　　　　　　　　　　（　　）

答：×

改正：国家电网公司大面积停电事件中，根据事态发展，经研判不会发生大面积停电事件时，按照"谁发布、谁解除"的原则及时宣布解除预警，适时终止相关措施。如预警期满或直接进入应急响应状态，预警自动解除。

141.《国家电网公司大面积停电事件应急预案》规定：发生特别重大、重大、较大、一般大面积停电事件时，分别对应Ⅰ、Ⅱ、Ⅲ、Ⅳ级应急响应。　　　　　　　　　　　　　　　　　　　　　　　　　（　　）

答：√

142. 根据《国家电网公司大面积停电事件应急预案》，对于尚未达到一般

大面积停电事件标准，但对社会产生较大影响的其他停电事件，视情况启动应急响应。 （ ）

答：×

改正：对于尚未达到一般大面积停电事件标准，但对社会产生较大影响的其他停电事件，也应启动应急响应。

143. 根据《国家电网公司大面积停电事件应急预案》，国家电网公司大面积停电事件应急预案中关于对外报告内容规定，信息续报的内容包括时间、地点、基本经过、影响范围等概要信息。 （ ）

答：×

改正：信息续报的内容包括事件信息来源、时间、地点、基本经过、影响范围、已造成后果、初步原因和性质、事件发展趋势和采取的措施以及信息报告人员的联系方式等。

144.《国家电网公司大面积停电事件应急预案》规定：各单位向公司和当地人民政府及相关部门汇报信息，必须做到数据源唯一，数据正确。 （ ）

答：√

145. 根据《国家电网公司大面积停电事件应急预案》，信息发布和新闻报道内容须经公司大面积停电处置领导小组授权，由安质部统一发布；安质部要及时与主流新闻媒体联系沟通，按政府有关要求，做好新闻发布工作。 （ ）

答：×

改正：信息发布和新闻报道内容须经公司大面积停电处置领导小组授权，由外联部统一发布；外联部要及时与主流新闻媒体联系沟通，按政府有关要求，做好新闻发布工作。

146.《国家电网公司大面积停电事件应急预案》规定：接到大面积停电事件信息后，外联部应在 1h 内通过公司官方微博等方式完成首次发布，在此后 2h 内进行事件相关信息发布。 （ ）

答：×

改正：接到大面积停电事件信息后，外联部应在 30min 内通过公司官方微博等方式完成首次发布，在此后 1h 内进行事件相关信息发布。

147. 根据《国家电网公司大面积停电事件应急预案》，大面积停电事件应急响应终止后，各单位按照国家政府部门要求配合进行事件调查，国家电网公司不再对各单位进行调查。 （ ）

答：×

改正：大面积停电事件应急响应终止后，除按照国家政府部门要求配合进行事件调查外，国家电网公司还应按照《国家电网公司安全事故调查规程》开展调查。

148. 根据《国家电网公司大面积停电事件应急预案》，大面积停电事件应急响应终止后，事发单位应按有关要求及时对事件处置工作进行评估，总结经验教训，分析查找问题，提出整改措施，形成处置评估报告。　　　　（　　）

答：√

149. 根据《国家电网公司大面积停电事件应急预案》，大面积停电事件应急响应终止后，需对电网网架结构和设备设施进行修复或重建的，国家电网公司组织或督促相关单位结合政府规划做好恢复重建工作。　　　　（　　）

答：√

150. 根据《国家电网公司大面积停电事件应急预案》，国家电网公司总（分）部、省公司、地市公司、县公司，相关直属单位应组织与本单位大面积停电事件应急预案密切相关人员开展培训，每两年至少一次。　　　　（　　）

答：×

改正：国家电网公司总（分）部、省公司、地市公司、县公司，相关直属单位应组织与本单位大面积停电事件应急预案密切相关人员开展培训，每年至少一次。

151. 根据《国家电网公司大面积停电事件应急预案》，国家电网公司总部、各级单位每年组织一次大面积停电事件应急演练，邀请政府、并网电厂、重要用户等参加的联合演练五年内至少开展一次。　　　　（　　）

答：×

改正：国家电网公司总部、各级单位每年组织一次大面积停电事件应急演练，邀请政府、并网电厂、重要用户等参加的联合演练三年内至少开展一次。

152.《国家电网公司质量事件调查管理办法》规定：质量事件报告应及时、准确、完整，任何单位、部门和个人对质量事件不得迟报、漏报、谎报或者瞒报。　　　　（　　）

答：√

153. 根据《国家电网公司质量事件调查管理办法》，因质量原因，风电机组塔筒或塔架倒塌，机舱着火、坠落，桨叶折断，机组飞车，属于六级质量事件。　　　　（　　）

答：√

154. 根据《国家电网公司质量事件调查管理办法》，因质量原因，35kV 以上输变电主设备被迫停运，时间超过 48h，属于七级质量事件。　　　　（　　）

答：×

改正：因质量原因，35kV 以上输变电主设备被迫停运，时间超过 24h，属于七级质量事件。

155. 根据《国家电网公司质量事件调查管理办法》，地市公司级单位下属和管理的所有单位发生的事件，统计汇总为该地市公司所属省公司级单位的事件。　　　　　　　　　　　　　　　　　　（　　）

答：×

改正：地市公司级单位下属和管理的所有单位发生的事件，统计汇总为该地市公司级单位的事件。

156. 根据《国家电网公司质量事件调查管理办法》，由于同一原因引发同一省公司级单位的几个地市公司级单位多次质量事件时，应由具有管辖权的省公司级单位统计为多次事件。　　　　　　　　　　（　　）

答：×

改正：由于同一原因引发同一省公司级单位的几个地市公司级单位多次质量事件时，应由具有管辖权的省公司级单位统计为一次事件。

157. 根据《国家电网公司质量事件调查管理办法》，事件发生后，经初步判断与质量原因相关，事件现场有关人员应当立即向本单位现场负责人报告。（　　）

答：√

158. 根据《国家电网公司质量事件调查管理办法》，事件发生后，现场负责人接到报告后，应立即向本单位负责人和质量监督部门等相关人员报告。情况紧急时，事件现场有关人员可以直接向本单位负责人报告。　　　（　　）

答：√

159.《国家电网公司质量事件调查管理办法》规定：一至七级质量事件，通过电话、邮件、短信、传真等方式报送，逐级上报时间不得超过 2h。　（　　）

答：×

改正：一至七级质量事件，通过电话、邮件、短信、传真等方式报送，逐级上报时间不得超过 1h。

160.《国家电网公司质量事件调查管理办法》规定：七、八级质量事件由事件发生单位相关部门组织调查。　　　　　　　　　　　　　　（　　）

答：×

改正：八级质量事件由事件发生单位相关部门组织调查。

161.《国家电网公司质量事件调查管理办法》规定：上级管理单位认为有必要时可以组织、派员参加或授权有关单位调查下级单位的质量事件。　（　　）

答：√

162. 根据《国家电网公司质量事件调查管理办法》，七级质量事件由事件发生单位组织调查。

答：×

改正：七级质量事件由地市公司级单位（或其授权的单位）或事件发生单位组织调查。

163. 根据《国家电网公司质量事件调查管理办法》质量事件调查由安全质量监察部相关人员主持，按质量事件初步判定的不同等级和性质（分类），安质、发展、物资、建设、运检、调控、营销、农电、信息、科研、试验等有关部门（单位）人员和车间（工区、工地）负责人参加。

答：×

改正：质量事件调查由相应调查组织单位的领导或其指定人员主持。

164.《国家电网公司安全隐患排查治理管理办法》规定：根据可能造成的事故后果，安全隐患分为Ⅰ级重大事故隐患、Ⅱ级重大事故隐患、一般事故隐患三个等级。　　　　　　　　　　　（　　　）

答：×

改正：根据可能造成的事故后果，安全隐患分为Ⅰ级重大事故隐患、Ⅱ级重大事故隐患、一般事故隐患和安全事件隐患四个等级。

165.《国家电网公司安全隐患排查治理管理办法》规定：Ⅰ级重大事故隐患可能造成1～2级人身事件。　　　　　　　　　　　（　　　）

答：√

166.《国家电网公司安全隐患排查治理管理办法》规定：Ⅰ级重大事故隐患可能造成特大或重大火灾事故。　　　　　　　　　（　　　）

答：√

167.《国家电网公司安全隐患排查治理管理办法》规定：Ⅱ级重大事故隐患可能造成3～4级人身或电网事件。　　　　　　　　（　　　）

答：√

168.《国家电网公司安全隐患排查治理管理办法》规定：Ⅱ级重大事故隐患可能造成重大交通事故。　　　　　　　　　　　（　　　）

答：√

169.《国家电网公司安全隐患排查治理管理办法》规定：安全管理中存在安全监督管理机构未成立情况，定性为Ⅰ级重大事故隐患。　（　　　）

答：×

改正：安全管理中存在安全监督管理机构未成立情况，定性为Ⅱ级重大事故隐患。

170.《国家电网公司安全隐患排查治理管理办法》规定：安全管理中存在安全责任制未建立情况，定性为Ⅱ级重大事故隐患。　　　　　　　（　　）

答：√

171.《国家电网公司安全隐患排查治理管理办法》规定：安全管理中存在安全管理制度、应急预案严重缺失情况，定性为Ⅱ级重大事故隐患。（　　）

答：√

172.《国家电网公司安全隐患排查治理管理办法》规定：可能造成5～8级人身事件的隐患为一般事故隐患。　　　　　　　　　　　　　（　　）

答：√

173.《国家电网公司安全隐患排查治理管理办法》规定：超出设备缺陷管理制度规定的消缺周期仍未消除的设备危急缺陷和严重缺陷，即为安全隐患。　　　　　　　　　　　　　　　　　　　　　　　　　　　（　　）

答：√

174.《国家电网公司安全隐患排查治理管理办法》规定：安全隐患所在单位是安全隐患排查、治理和防控的责任主体。　　　　　　　　　（　　）

答：√

175.《国家电网公司安全隐患排查治理管理办法》规定：各级安全监察部门是隐患排查治理的监督部门，负责督办、检查隐患排查治理工作，归口管理相关数据的汇总、统计、分析、上报。　　　　　　　　　　　（　　）

答：√

176.《国家电网公司安全隐患排查治理管理办法》规定：对区域电网内主网架结构性缺陷，或主设备普遍性问题的隐患组织排查、评估、定级、治理方案制定，明确治理责任主体，并督促实施是公司总部的职责。　　（　　）

答：×

改正：对区域电网内主网架结构性缺陷，或主设备普遍性问题的隐患组织排查、评估、定级、治理方案制定，明确治理责任主体，并督促实施是省公司级单位的职责。

177.《国家电网公司安全隐患排查治理管理办法》规定：负责重大事故隐患排查治理的闭环管理是省公司级单位的职责。　　　　　　　　（　　）

答：√

178.《国家电网公司安全隐患排查治理管理办法》规定：核定所属单位上报的重大事故隐患，组织制定、审查批准治理方案，监督、协调治理方案实施，对治理结果进行验收是分部的职责。　　　　　　　　　　（　　）

答：×

改正：核定所属单位上报的重大事故隐患，组织制定、审查批准治理方案，监督、协调治理方案实施，对治理结果进行验收是省公司级单位的职责。

179.《国家电网公司安全隐患排查治理管理办法》规定：省公司级单位负责一般事故隐患治理的闭环管理。　　　　　　　　　　　　（　　）

答：×

改正：地市公司级单位负责一般事故隐患治理的闭环管理。

180.《国家电网公司安全隐患排查治理管理办法》规定：县公司级单位负责安全事件隐患治理的闭环管理。　　　　　　　　　　　　（　　）

答：√

181.《国家电网公司安全隐患排查治理管理办法》规定：隐患排查治理应纳入日常工作中，按照"排查（发现）—治理（控制）—验收销号"的流程形成闭环管理。　　　　　　　　　　　　　　　　　　　　（　　）

答：×

改正：隐患排查治理应纳入日常工作中，按照"排查（发现）—评估报告—治理（控制）—验收销号"的流程形成闭环管理。

182.《国家电网公司安全隐患排查治理管理办法》规定：由于电网限制或供电能力不足导致的安全隐患，不纳入供电企业安全隐患进行闭环管理。（　　）

答：×

改正：由于电网限制或供电能力不足导致的安全隐患，纳入供电企业安全隐患进行闭环管理。

183.《国家电网公司安全隐患排查治理管理办法》规定：分部、省、地市和县公司级单位应运用安全隐患管理信息系统，做到"一患一档"。（　　）

答：√

184. 根据《国家电网公司电力安全工器具管理规定》，对于没有应用经验的新型安全工器具，应经有资质的检验机构检验合格，由国家电网公司总部或省公司、直属单位组织评审、认可并批准后，方可试用。　　　　　（　　）

答：×

改正：对于没有应用经验的新型安全工器具，应经有资质的检验机构检验合格，由地市供电企业专业部门组织认定并批准后，方可试用。

185. 根据《国家电网公司电力安全工器具管理规定》，省公司级、地市公司级单位安全工器具检测试验机构负责所属单位安全工器具试验检验及技术监督工作。 （ ）

答：√

186. 根据《国家电网公司电力安全工器具管理规定》，对安全工器具的机械、绝缘性能不能确定时，应进行试验，合格后方可使用。 （ ）

答：√

187. 根据《国家电网公司电力安全工器具管理规定》，个人使用的安全工器具，应由单位指定地点集中存放，班组安全员负责管理、维护和保养。 （ ）

答：×

改正：个人使用的安全工器具，应由单位指定地点集中存放，使用者负责管理、维护和保养。

188. 根据《国家电网公司电力安全工器具管理规定》，安全监察质量部门每半年对安全工器具质量进行综合评价，对产品优劣信息予以通报。 （ ）

答：×

改正：安全监察质量部门每年对安全工器具质量进行综合评价，对产品优劣信息予以通报。

189. 根据《国家电网公司安全设施标准》规定，警示标志是强制人们必须做出某种动作或采用防范措施的图形标志。 （ ）

答：×

改正：指令标志是强制人们必须做出某种动作或采用防范措施的图形标志。

190. 根据《国家电网公司安全设施标准》规定，电力线路杆塔应标明线路名称、杆（塔）号、色标，并在线路保护区内设置必要的安全警示标志。 （ ）

答：√

191. 根据《国家电网公司安全设施标准》规定，继电器室、自动装置室应配置"禁止使用无线通信"标示牌。 （ ）

答：√

192. 根据《国家电网公司安全设施标准》规定，生产现场必须佩戴安全帽。
（ ）

答：×

改正：生产现场（办公室、主控制室、值班室和检修班组室除外）必须佩戴安全帽。

四、简答题

（共 70 题）

1.《中共中央 国务院关于推进安全生产领域改革发展的意见》规定，对重大隐患整改不到位的企业依法采取哪些强制措施？

答：对重大隐患整改不到位的企业依法采取停产停业、停止施工、停止供电和查封扣押等强制措施。

2.《中共中央 国务院关于推进安全生产领域改革发展的意见》基本原则中"坚持安全发展"的内涵是什么？

答：坚持安全发展的内涵：贯彻以人民为中心的发展思想，始终把人的生命安全放在首位，正确处理安全与发展的关系，大力实施安全发展战略，为经济社会发展提供强有力的安全保障。

3.《中共中央 国务院关于推进安全生产领域改革发展的意见》明确到2020年实现的目标任务是什么？

答：到 2020 年，安全生产监管体制机制基本成熟，法律制度基本完善，全国生产安全事故总量明显减少，职业病危害防治取得积极进展，重特大生产安全事故频发势头得到有效遏制，安全生产整体水平与全面建成小康社会目标相适应。

4.《中共中央 国务院关于推进安全生产领域改革发展的意见》基本原则中"坚持改革创新"的内涵是什么？

答：坚持改革创新的内涵：不断推进安全生产理论创新、制度创新、体制机制创新、科技创新和文化创新，增强企业内生动力，激发全社会创新活力，破解安全生产难题，推动安全生产与经济社会协调发展。

5.《中共中央 国务院关于推进安全生产领域改革发展的意见》对企业安全生产责任制有哪些规定？

答：企业实行全员安全生产责任制度，法定代表人和实际控制人同为安全生产第一责任人，主要技术负责人负有安全生产技术决策和指挥权，强化部门安全生产职责，落实一岗双责。

6.《中华人民共和国安全生产法》中安全生产"三同时"的含义是什么？

答：生产经营单位新建、改建、扩建工程项目的安全设施，必须与主体工程同时设计、同时施工、同时投入生产和使用。

7.《中华人民共和国安全生产法》规定，从业人员在安全生产工作中的义务有哪些？

答：（1）从业人员在作业过程中，应当严格遵守本单位的安全生产规章制度和操作规程，服从管理，正确佩戴和使用劳动防护用品。

（2）从业人员应当接受安全生产教育和培训，掌握本职工作所需的安全生产知识，提高安全生产技能，增强事故预防和应急处理能力。

（3）从业人员发现事故隐患或者其他不安全因素，应当立即向现场安全生产管理人员或者本单位负责人报告；接到报告的人员应当及时予以处理。

8.《中华人民共和国安全生产法》对生产经营单位事故隐患排查治理工作有哪些规定？

答：生产经营单位应当建立健全生产安全事故隐患排查治理制度，采取技术、管理措施，及时发现并消除事故隐患。事故隐患排查治理情况应当如实记录，并向从业人员通报。

9. 生产经营单位未为从业人员提供符合国家标准或者行业标准的劳动防护用品的，《中华人民共和国安全生产法》规定对生产经营单位有何处罚？

答：（1）责令限期改正，可以处五万元以下的罚款；

（2）逾期未改正的，处五万元以上二十万元以下的罚款，对其直接负责的主管人员和其他直接责任人员处一万元以上二万元以下的罚款；

（3）情节严重的，责令停产停业整顿；

（4）构成犯罪的，依照刑法有关规定追究刑事责任。

10.《中华人民共和国安全生产法》规定，生产经营单位的主要负责人对本单位安全生产工作应履行哪些职责？

答：（1）建立、健全本单位安全生产责任制；

（2）组织制定本单位安全生产规章制度和操作规程；

（3）组织制定并实施本单位安全生产教育和培训计划；

（4）保证本单位安全生产投入的有效实施；

（5）督促、检查本单位的安全生产工作，及时消除生产安全事故隐患；

（6）组织制定并实施本单位的生产安全事故应急救援预案；

（7）及时、如实报告生产安全事故。

11.《中华人民共和国安全生产法》规定，生产经营单位的安全生产管理机构以及安全生产管理人员应履行哪些职责？

答：（1）组织或者参与拟订本单位安全生产规章制度、操作规程和生产安全事故应急救援预案；

（2）组织或者参与本单位安全生产教育和培训，如实记录安全生产教育和培训情况；

（3）督促落实本单位重大危险源的安全管理措施；

（4）组织或者参与本单位应急救援演练；

（5）检查本单位的安全生产状况，及时排查生产安全事故隐患，提出改进安全生产管理的建议；

（6）制止和纠正违章指挥、强令冒险作业、违反操作规程的行为；

（7）督促落实本单位安全生产整改措施。

12. 生产经营单位未建立事故隐患排查治理制度的，《中华人民共和国安全生产法》规定对生产经营单位有何处罚？

答：（1）责令限期改正，可以处十万元以下的罚款；

（2）逾期未改正的，责令停产停业整顿，并处十万元以上二十万元以下的罚款，对其直接负责的主管人员和其他直接责任人员处二万元以上五万元以下的罚款；

（3）构成犯罪的，依照刑法有关规定追究刑事责任。

13. 根据《中华人民共和国网络安全法》，请简述何为网络安全？

答：网络安全是指通过采取必要措施，防范对网络的攻击、侵入、干扰、破坏和非法使用以及意外事故，使网络处于稳定可靠运行的状态，以及保障网络数据的完整性、保密性、可用性的能力。

14. 根据《中华人民共和国网络安全法》，发生网络安全事件应采取哪些措施？

答：应当立即启动网络安全事件应急预案，对网络安全事件进行调查和评估，要求网络运营者采取技术措施和其他必要措施，消除安全隐患，防止危害扩大，并及时向社会发布与公众有关的警示信息。

15. 根据《中华人民共和国网络安全法》，网络运营者收集、使用个人信息应遵循何种原则？

答：应当遵循合法、正当、必要的原则，公开收集、使用规则，明示收集、使用信息的目的、方式和范围，并经被收集者同意。

16.《国家电网公司关于强化本质安全的决定》中明确什么是本质安全？

答：本质安全是内在的预防和抵御事故风险的能力，其实质是队伍建设、电网结构、设备质量、管理制度核心要素的统一。

17.《国家电网公司关于强化本质安全的决定》中明确强化本质安全的总体思路是什么？

答：贯彻《安全生产法》等法规制度，坚持"安全第一、预防为主、综合治理"方针，坚持目标导向和问题导向，树立全员安全理念，把队伍建设作为安全工作的关键，把优化电网结构、提高设备质量作为保障安全的物质基础，把统一标准、执行制度、治理隐患、严控风险作为安全管理的硬约束，狠抓基层、基础、基本功，构建预防为主的安全管理体系，提高本质安全水平，实现安全可控、能控、在控。

18. 根据《国家电网公司关于强化本质安全的决定》，如何加强外包单位、外来人员准入管理？

答：严格资质审查，严格培训考试，建立人员档案，建立清退机制。坚持外来人员与主业人员同标准、同要求，严格安全交底，严格现场监督，严格《安规》执行。

19. 根据《国家电网公司安全工作规定》，省（直辖市、自治区）电力公司支撑实施机构、直属单位、地市供电企业和公司直属单位下属单位的安全目标是什么？

答：（1）不发生重伤及以上人身事故；

（2）不发生五级及以上电网、设备事件；

（3）不发生一般及以上火灾事故；

（4）不发生六级及以上信息系统事件；

（5）不发生煤矿较大及以上非伤亡事故；

（6）不发生本单位负同等及以上责任的重大交通事故；

（7）不发生其他对公司和社会造成重大影响的事故（事件）。

20. 根据《国家电网公司安全工作规定》，外来工作人员从事有危险的工作时，有哪些规定？

答：应在有经验的本单位职工带领和监护下进行，并做好安全措施。开工前监护人应将带电区域和部位等危险区域、警告标志的含义向外来工作人员交代清楚并要求外来工作人员复述，复述正确方可开工。禁止在没有监护的条件下指派外来工作人员单独从事有危险的工作。

21. 根据《国家电网公司安全工作规定》，公司各级单位承、发包工程和委托业务项目什么情况下应成立项目安全生产委员会？

答：（1）项目同时有三个及以上中标施工企业参与施工；

（2）项目作业人员总数（包括外来人员）超过 300 人；

（3）项目合同工期超过 12 个月。

22. 根据《国家电网公司安全工作奖惩规定》，事故发生后根据事故类别和级别，对有关单位和人员至少提高一个事故等级进行处罚的情况有哪些？

答：（1）谎报或瞒报事故的；

（2）伪造或故意破坏事故现场的；

（3）销毁有关证据、资料的；

（4）拒绝接受调查或拒绝提供有关情况和资料的；

（5）在事故调查中作伪证或指使他人作伪证的；

（6）事故发生后逃匿的。

23. 根据《国家电网公司安全工作奖惩规定》，国家电网公司所属各级单位发生五级事件（人身、电网、设备、信息系统），应给予相关责任人哪些处罚？

答：（1）对主要责任者所在单位二级机构负责人给予通报批评；

（2）对主要责任者给予警告至记过处分；

（3）对同等责任者给予通报批评或警告至记过处分；

（4）对次要责任者给予通报批评或警告处分；

（5）对事故责任单位（基层单位）有关领导及上述有关责任人员给予3000~5000元的经济处罚。

24. 根据《国家电网公司安全工作奖惩规定》，国家电网公司所属各级单位发生六级事件（人身、电网、设备、信息系统），应给予相关责任人哪些处罚？

答：（1）对主要责任者给予通报批评或警告至记过处分；

（2）对同等责任者给予通报批评或警告处分；

（3）对次要责任者给予通报批评；

（4）对事故责任单位（基层单位）有关分管领导、责任者所在单位二级机构负责人及上述有关责任人员给予2000~3000元的经济处罚。

25. 根据《国家电网公司安全工作奖惩规定》，国家电网公司所属各级单位发生七级事件（人身、电网、设备、信息系统），应给予相关责任人哪些处罚？

答：（1）对主要责任者给予通报批评或警告处分；

（2）对同等责任者给予通报批评；

（3）对事故责任者所在单位二级机构负责人及上述有关责任人员给予1000~2000元的经济处罚。

26. 根据《国家电网公司安全工作奖惩规定》，国家电网公司所属各级单位发生八级事件（人身、电网、设备、信息系统），应给予相关责任人哪些处罚？

答：（1）对主要责任者给予通报批评；

（2）对事故责任者所在单位二级机构负责人及上述有关责任人员给予500~1000元的经济处罚。

27.《国家电网公司安全职责规范》中安全生产"五同时"是什么？

答：在计划、布置、检查、总结、考核生产工作的同时，计划、布置、检查、总结、考核安全工作。

28.《国家电网公司安全事故调查规程》（2017修正版）规定事故调查必须做到哪"四不放过"？

答：做到事故原因未查清不放过，责任人员未处理不放过、整改措施未落实不放过、有关人员未受到教育不放过（简称"四不放过"）。

29.《国家电网公司安全事故调查规程》（2017修正版）规定事故调查应收集的原始资料包括哪些？

答：有关运行、操作、检修、试验、验收的记录文件，系统配置和日志文件，以及事故发生时的录音、故障录波图、计算机打印记录、现场影像资料、处理过程记录等。

30.《国家电网公司安全事故调查规程》（2017修正版）规定事故责任归类分为哪几类？

答：主要责任、同等责任、次要责任三类。

31.《国家电网公司安全事故调查规程》（2017修正版）规定一次事故既构成电网事故条件，也构成设备事故条件时，遵循什么原则统计报告？

答：不同等级，等级优先；相同等级，电网优先。

32.《国家电网公司安全事故调查规程》（2017修正版）规定事故调查中对哪些情况应从严处理？

答：（1）违章指挥、违章作业、违反劳动纪律造成事故发生的；

（2）事故发生后迟报、漏报、瞒报、谎报或在调查中弄虚作假、隐瞒真相的；

（3）阻挠或无正当理由拒绝事故调查或提供有关情况和资料的。

33.《国家电网公司安全事故调查规程》（2017修正版）规定各有关单位接到事故报告后，应当依照哪些规定立即上报事故情况？

答：（1）发生五级以上人身、电网、设备和信息系统事故，应立即按资产关系或管理关系逐级上报至国家电网公司；省电力公司上报国家电网公司的同时，还应报告相关分部；

（2）发生六级人身、电网、设备和信息系统事件，应立即按资产关系或管理关系逐级上报至省电力公司或国家电网公司直属公司；

（3）发生七级人身、电网、设备和信息系统事件，应立即按资产关系或管理关系上报至上一级管理单位。

（4）且每级上报的时间不得超过 1h。

34.《国家电网公司安全事故调查规程》（2017修正版）规定特别重大设备事故（一级设备事件）包含哪些情形？

答：（1）造成 1 亿元以上直接经济损失者；

（2）600MW 以上锅炉爆炸者；

（3）压力容器、压力管道有毒介质泄漏，造成 15 万人以上转移者。

35.《国家电网公司安全事故调查规程》（2017 修正版）规定即时报告简况至少应包括哪些内容？

答：（1）事故发生的时间、地点、单位；

（2）事故发生的简要经过、伤亡人数、直接经济损失的初步估计；

（3）电网停电影响、设备损坏、应用系统故障和网络故障的初步情况；

（4）事故发生原因的初步判断。

36.《国家电网公司安全事故调查规程》（2017 修正版）规定发生事故后，事故发生单位应如何保护现场？

答：（1）事故发生后，事故发生单位必须迅速抢救伤员并派专人严格保护事故现场。未经调查和记录的事故现场，不得任意变动。

（2）事故发生后，事故发生单位安监部门或其指定的部门应立即对事故现场和损坏的设备进行照相、录像、绘制草图、收集资料。

（3）因紧急抢修、防止事故扩大以及疏导交通等，需要变动现场，必须经单位有关领导和安监部门同意，并做出标志、绘制现场简图、写出书面记录，保存必要的痕迹、物证。

37.《国家电网公司安全事故调查规程》（2017 修正版）规定调查事故情况时，对于人身事故应查明哪些事项？

答：（1）查明伤亡人员和有关人员的单位、姓名、性别、年龄、文化程度、工种、技术等级、工龄、本工种工龄等；

（2）查明事故发生前伤亡人员和相关人员的技术水平、安全教育记录、特殊工种持证情况和健康状况，过去的事故记录、违章违纪情况等；

（3）查明事故发生前工作内容、开始时间、许可情况、作业程序、作业时的行为及位置、事故发生的经过、现场救护情况等；

（4）查明事故场所周围的环境情况（包括照明、湿度、温度、通风、声响、色彩度、道路、工作面状况以及工作环境中有毒、有害物质和易燃、易爆物取样分析记录）、安全防护设施和个人防护用品的使用情况（了解其有效性、质量及使用时是否符合规定）。

38.《国家电网公司安全事故调查规程》（2017 修正版）规定调查事故情况时，对于电网、设备事故应查明哪些事项？

答：（1）查明事故发生的时间、地点、气象情况，以及事故发生前系统和设备的运行情况；

（2）查明事故发生经过、扩大及处理情况；

（3）查明与事故有关的仪表、自动装置、断路器、保护、故障录波器、调整装置、遥测、遥信、遥控、录音装置和计算机等记录和动作情况；

（4）查明事故造成的损失，包括波及范围、减供负荷、损失电量、停电用户性质，以及事故造成的设备损坏程度、经济损失等；

（5）调查设备资料（包括订货合同、大小修记录等）情况以及规划、设计、选型、制造、加工、采购、施工安装、调试、运行、检修等质量方面存在的问题。

39.《国家电网公司安全事故调查规程》（2017 修正版）规定调查事故情况时，对于信息系统事件应查明哪些事项？

答：（1）查明事件发生前系统的运行情况；

（2）查明事件发生经过、扩大及处理情况；

（3）调查系统和设备资料（包括订货合同、维护记录等）情况以及规划、设计、建设、实施、运行等方面存在的问题；

（4）查明事件造成的损失，包括影响时间、影响范围、影响严重程度等。

40. 国家电网公司大面积停电事件应对工作坚持什么工作原则？

答：国家电网公司大面积停电事件应对工作坚持统一领导、分级负责、属地为主、快速反应、政企联动、保障民生的工作原则。

41. 国家电网公司大面积停电事件预警级别确定采取哪几种方式？

答：（1）经综合分析，可能发生特别重大、重大、较大、一般大面积事件时，分别对应一级、二级、三级、四级预警。

（2）国家电网公司应急领导小组根据可能导致的大面积停电影响范围、严重程度和社会影响，确定预警等级。

42.《国家电网公司大面积停电事件应急预案》规定：同时满足哪些条件时，按照"谁启动、谁结束"的原则结束应急响应？

答：（1）电网主干网架基本恢复正常接线方式，电网运行参数保持在稳定限额之内，主要发电厂机组运行稳定；

（2）停电负荷恢复 80%及以上，重点地区、重要城市负荷恢复 90%及以上；

（3）造成大面积停电事件的隐患基本消除；

（4）大面积停电事件造成的重特大次生衍生事故基本处置完成；

（5）政府结束大面积停电事件应急响应。

43. 国家电网公司大面积停电事件响应级别确定采取哪几种方式？

答：（1）发生特别重大、重大、较大、一般大面积停电事件时，分别对应
Ⅰ、Ⅱ、Ⅲ、Ⅳ级应急响应。

（2）国家电网公司大面积停电事件处置领导小组根据大面积停电影响范围、严重程度和社会影响，确定响应级别。

44.《国家电网公司大面积停电事件应急预案》规定：出现哪些情况时，应及时开展预案修订工作？

答：（1）国家相关法律法规、上位预案发生变化；

（2）国家电网公司发生重大机构调整；

（3）面临的风险发生重大变化；

（4）重要应急资源发生重大变化；

（5）预案中的其他重要信息发生重大变化；

（6）在大面积停电事件应对和应急演练中发现问题需作出重大调整；

（7）有关政府部门提出修订要求；

（8）国家电网公司应急领导小组提出修订要求。

45. 根据《国家电网公司大面积停电事件应急预案》，国家电网公司系统发生大面积停电事件，对信息报告有何要求？

答：（1）各单位向国家电网公司和当地人民政府及相关部门汇报信息，必须做到数据源唯一、数据正确。

（2）Ⅰ、Ⅱ级应急响应期间，执行每天两次定时报告制度。

（3）预警期内和Ⅲ、Ⅳ级应急响应期间，执行每天一次定时报告制度。

（4）各单位根据公司临时要求，完成相关信息报送。

46. 根据《国家电网公司大面积停电事件应急预案》，技术保障措施有哪些内容？

答：（1）开展大电网理论和技术研究，采用新技术、新装备提高电力系统安全稳定控制水平。加强电网建设和改造，强化电网结构，提高电网安全运行水平。开展大面积停电恢复控制研究，统筹考虑电网恢复方案和恢复策略。

（2）加强电力应急理论和技术的研究，提高大面积停电事件风险监测与预防能力，进一步提高国家电网公司应急管理水平。

（3）国家电网公司各单位应加强应急指挥中心和应急平台建设，依托调度自动化和其他信息系统，实现应急信息的交换和共享。

47.《国家电网公司质量事件调查管理办法》中质量事件报告包括哪些内容？

答：（1）事件发生单位、项目基本情况；

（2）事件发生经过和处置情况；

（3）事件分类、等级和造成的经济损失、质量降低、社会影响等情况；

（4）事件有关质量检测、技术分析情况等；

（5）事件发生的原因和性质；

（6）事件暴露问题；

（7）事件防范和整改措施。

48.《国家电网公司质量事件调查管理办法》中质量事件是指什么？

答：质量事件是指在规划建设、物资采购、运维检修、电能管理、营销服务等过程中，各相关方违反有关法律法规、制度标准或管理要求，其质量不能满足使用要求和使用过程，对电网建设、安全运行、可靠供电和优质服务等造成损失、危害和影响的事件。

49.《国家电网公司质量事件调查管理办法》中工程质量事件定义是什么？

答：工程质量事件是指在工程设备、施工安装、工程验收、检测调试等过程中，违反相关法律法规、制度标准、合同规定或管理要求，造成经济损失、工期延误、设计功效降低、危及电网安全运行等情况的事件。

50.《国家电网公司质量事件调查管理办法》中运检质量事件定义是什么？

答：运检质量事件是指在设备运行维护、检修试验、缺陷处理、抢修恢复等过程中，违反相关法律法规、制度标准或管理要求，造成设备损坏、非计划停运、信息中断、危及电网安全运行等情况的事件。

51. 根据《国家电网公司质量事件调查管理办法》，质量事件即时报告内容要求有哪些？

答：（1）事件发生的时间、地点、单位；

（2）事件发生的简要经过和初步处置；

（3）电网停电范围、设备损坏、应用系统故障、通信网络故障、客户影响、社会影响等初步情况；

（4）事件直接经济损失的初步估计；

（5）事件发生原因的初步判断。

52. 根据《国家电网公司质量事件调查管理办法》，质量事件调查组主要职责是什么？

答：（1）查明事件情况，包括事件发生经过、损失、影响等情况；

（2）分析事件发生、扩大的直接和间接原因，必要时组织进行技术鉴定和专家论证；

（3）认定事件的性质（包括分类、分级）和责任；

（4）依照国家电网公司相关规定提出对事件责任单位和责任人员的处理建议；

（5）总结事件教训，提出防范和整改措施。

53. 根据《国家电网公司质量事件调查管理办法》，各有关单位接到事件报告后，应当依照什么要求立即上报事件情况？

答：（1）发生五级以上质量事件，应立即按资产关系或管理关系逐级上报至国家电网公司总部及相关区域分部；

（2）发生六、七级质量事件，应立即按资产关系或管理关系逐级上报至省（直辖市、自治区）电力公司或国家电网公司直属公司；

（3）一至七级质量事件，通过电话、邮件、短信、传真等方式报送，逐级上报时间不得超过 1h；

（4）发生八级质量事件应按资产关系或管理关系上报至上一级单位。

54.《国家电网公司安全隐患排查治理管理办法》中安全隐患指什么？

答：安全隐患是指安全风险程度较高，可能导致事故发生的作业场所、设备设施、电网运行的不安全状态、人的不安全行为和安全管理方面的缺失。

55.《国家电网公司安全隐患排查治理管理办法》明确安全隐患治理应结合什么工作开展？

答：安全隐患治理应结合电网规划和年度电网建设、技改、大修、专项活动、检修维护等进行。

56.《国家电网公司安全隐患排查治理管理办法》中安全隐患治理"五落实"指什么？

答：安全隐患治理应做到责任、措施、资金、期限和应急预案"五落实"。

57.《国家电网公司安全隐患排查治理管理办法》明确隐患排查治理流程是什么？

答：隐患排查治理按照"排查（发现）—评估报告—治理（控制）—验收销号"的流程形成闭环管理。

58.《国家电网公司安全隐患排查治理管理办法》明确安全隐患排查范围有哪些？

答：排查范围应包括所有与生产经营相关的安全责任体系、管理制度、场所、环境、人员、设备设施和活动等。

59.《国家电网公司安全隐患排查治理管理办法》中安全隐患排查治理的原则是什么？

答："谁主管、谁负责"和"全覆盖、勤排查、快治理"的原则。

60. 根据《国家电网公司电力安全工器具管理规定》，应进行预防性试验的安全工器具包括哪些？

答：（1）规程要求进行试验的安全工器具；

（2）新购置和自制安全工器具使用前；

（3）检修后或关键零部件经过更换的安全工器具；

（4）对其机械、绝缘性能发生疑问或发现缺陷的安全工器具；

（5）发现质量问题的同批次安全工器具。

61. 根据《国家电网公司电力安全工器具管理规定》，安全工器具宜如何存放？

答：安全工器具的保管及存放，必须满足国家和行业标准及产品说明书要求。安全工器具根据产品要求存放于合适的温度、湿度及通风条件处，与其他物资材料、设备设施应分开存放。

62. 根据《国家电网公司电力安全工器具管理规定》，何种情况下安全工器具应报废？

答：（1）经试验或检验不符合国家或行业标准的；

（2）超过有效使用期限，不能达到有效防护功能指标的；

（3）外观检查明显损坏影响安全使用的。

63. 根据《国家电网公司电力安全工器具管理规定》，班组（站、所、施工项目部）的安全工器具管理职责包括哪些？

答：（1）根据工作实际，提出安全工器具添置、更新需求；

（2）建立安全工器具管理台账，做到账、卡、物相符，试验报告、检查记录齐全；

（3）组织开展班组安全工器具培训，严格执行操作规定，正确使用安全工器具，严禁使用不合格或超试验周期的安全工器具；

（4）安排专人做好班组安全工器具日常维护、保养及定期送检工作。

64. 根据《国家电网公司安全设施标准》规定，什么是安全设施？

答：生产经营活动中将危险因素、有害因素控制在安全范围内以及预防、减少、消除危害所设置的安全标志、设备标志、安全警示线、安全防护设施等统称安全设施。

65. 根据《国家电网公司安全设施标准》规定，安全标志的构成和分类有哪些？

答：安全标志是用以表达特定安全信息的标志，由图形符号、安全色、几何形状（边框）和文字构成。安全标志分禁止标志、警告标志、指令标志、提示标志四大基本类型。

66. 根据《国家电网公司安全设施标准》规定，安全警示线的作用和种类有哪些?

答:安全警示线用于界定和分割危险区域,向人们传递某种注意或警告的信息,以避免人身伤害。

安全警示线包括禁止阻塞线、减速提示线、安全警戒线、防止踏空线、防止碰头线、防止绊跤线和生产通道边缘警戒线等。

67. 根据《国家电网公司安全设施标准》规定,安全防护设施有哪些?

答:安全防护设施包括安全帽、安全工器具柜、安全工器具试验合格证标志牌、固定防护遮栏、区域隔离遮栏、临时遮栏(围栏)、红布幔、孔洞盖板、爬梯遮栏门、防小动物挡板、防误闭锁解锁钥匙箱等设施和用具。

68. 根据《国家电网公司安全设施标准》规定,什么是禁止标志?

答:禁止标志是禁止或制止人们不安全行为的图形标志。

69. 国家电网公司贯彻落实《中共中央 国务院关于推进安全生产领域改革发展的意见》实施方案要求:公司各级单位按照"五落实、五到位"的要求,健全安全生产组织机构,建立全员安全生产责任制,制定全过程安全生产和职业健康制度,不断完善自我约束、持续改进的安全管理内生机制。请问什么是"五落实、五到位"?

答:五落实:必须落实"党政同责"要求,董事长、党组织书记、总经理对本企业安全生产工作共同承担领导责任;必须落实安全生产"一岗双责",所有领导班子成员对分管范围内安全生产工作承担相应职责;必须落实安全生产组织领导机构,成立安全生产委员会,由董事长或总经理担任主任;必须落实安全管理力量,依法设置安全生产管理机构,配齐配强注册安全工程师等专业安全管理人员;必须落实安全生产报告制度,定期向董事会、业绩考核部门报告安全生产情况,并向社会公示。

五到位:做到安全责任到位、安全投入到位、安全培训到位、安全管理到位、应急救援到位。

70. 国家电网公司贯彻落实《中共中央 国务院关于推进安全生产领域改革发展的意见》实施方案,坚持源头防范具体有何要求?

答:坚持源头防范是指持之以恒建设本质安全电网,从规划、设计、建设、运行、管理等各环节强化安全治本之策。深化预防为主的安全管理,全面增强安全生产综合能力。